実例 マンション建替え

決議から竣工・引渡しまでのプロセスと課題

金王町住宅マンション建替組合清算人
明治学院大学教授

司馬 純詩 著
Shiba Junji

ビジネス教育出版社

はじめに

　日本の住宅総数は約6,000万戸である[1]。そのうち、マンションなどの「共同住宅」が2,200万戸（空き家を除く）、住宅全体の42％占める。近年新築される住宅の42％も共同住宅であり、東京都での比率は70％にのぼる[2]。
　少子高齢化の時代にあって、かつて新婚時代は都心のマンション、子育ては郊外の一戸建てという「住宅すごろく」は崩れて、マンションは今や私たちの「終の住み家」である。
　マンションにどう住まうかは、まさに人生の一大事なのである。

　家は手入れをしなければ朽ち果てる。手入れをしても、いずれは朽ち果てる。
　現在、全住宅数の13.5％を占める空き家のうち、471万戸が共同住宅で、そのうち71万戸が建替えを迎えて空いている[3]。1970年代以降に急増したマンションの寿命はこれからであり、100万戸ほどが物理的機能的に老朽化の限界に達する。マンションに住んでいれば、住み続けるための決断が待たれている。

　老朽化に達したと悟ったとき、住民に選択肢は三つある。
　一つは、単独で売却転出することである。
　二つ目は、マンションの住民と共同で売却することである。建物の丸ごと売却もあるが、建物価値が認められなければ、更地価格での売却となる。交渉次第で、特典価格で建替えマンションの部屋を買い戻せる可能性もある。
　三つ目は、マンション住民と共同で建て替えることである。

　はたして、どの選択肢が最も有利であろうか。

単独売却は最も面倒（コスト）がないが、価格は敷地利用権の価値に限りなく近くなるばかりか、足元見られれば残骸建物の価値を引いた価格となる可能性もある。住民の共同売却なら、更地価格にしても買取り業者の「地上げ労力」が省けるだけ、少し高く売れるはずである。

　共同での建替えは、最後にはマンション販売業者の新築価格の部屋を獲得するので、一番成果は大きい。次の図で言えば、「マンションの原価」のうち、太枠で囲んだ「建設費」の支出だけで、図全体のマンションの「市販価値」が得られるからである。戸建て住宅は住み始めた日から中古として価値は下がるが、マンションは地の利で需要がある。建替えは住まいを改める人生の転機であると同時に、将来性のある投資でもあるのだ。建築基準法の既存不適格建築物であるマンションも、建て替えれば換金性が高くなる。

　マンション建替えは人生の転期であり、最大投資でもある。

　また、建替えは、マンション住民の縦型コミュニティ活動であると同時に、知識と情報と組織をかね備えた専門業者を協力事業者としての、共同事業である。専門家を相手に、わからないことは多い。どうすればよいのだろうか。

新築マンションの原価

はじめに

　近年、マンション建替えマニュアルはたくさん出版され、一巡感がある。また、行政や職能組織の建替え相談窓口も多い。しかし、建替え業者の指南書は、都合のいいことしか書いていない。行政は表だった事象を一通り教示するだけである。職能組織団体は我田引水型回答しかしない。いずれも断片的な話では、わからないことは多い。はたして本当のところはどうであろうか。

　筆者は大学で経済学理論を研究・教育する者であるが、譲り受けた老朽化マンションの建替事業に理事として参加する機会を得た。その経験から本書では、建替え評価を経済学の理論から考え、実例をもとに説明したい。

　さらに本書では、マンションの底地権の処理や、建替え協力事業者の考え方、共同事業の最も有利な手法「シェア・コントラクト」を紹介する。実例ではシェア・コントラクトで実際に2億4,000万円を取得し、追加費用を差し引いても1戸当たり270万円を返還した。

　また、行政や司法の瑕疵、これを手玉に取るプロたちのモラルハザードも網羅して説明する。

　マンション・コミュニティ全住民のお役に立てることができれば幸いである。

司 馬 純 詩

1　総務省統計局「平成25年住宅・土地統計調査」結果（確報集計）によると、実数は6,063万戸である。そのうち共同住宅数は2,209万戸で、（空き家を除く）住宅全体に占める割合は上昇し、42.4％である。
　http://www.stat.go.jp/data/jyutaku/2013/10_1.htm
2　「住宅の現状」によれば、41.7％、東京都は69.6％である。
　http://www.stat.go.jp/jyutaku_2013/about/ja/what/current-state.htm
3　平成25年住宅・土地統計調査の特別集計「共同住宅の空き家について分析」
　http://www.stat.go.jp/data/jyutaku/2013/tokubetu_2.htm

マンションの「困った」 建て替え反対の人がいる
賛成5分の4以上で可能に
(平成26年11月12日付日本経済新聞朝刊)

　親から相続した築40年超のマンションに住む30代のD男さんは近い将来の建て替えを望んでいる。しかし、マンション住人の多くは高齢層で、建て替えに反対している人も少なくない。管理組合などの場で話し合ってはみたいが、どうすれば建て替えを決められるのだろうか。

　老朽マンションは全国的に増えており、D男さんのような悩みを持つ人は多いようです。国土交通省の推計によると、建築から30年以上が経過したマンションの戸数は2014年に140万あります。これが5年後には200万、20年後には466万に増えます。

　建て替えを進めるにあたっての法的知識は重要になっています。まずマンションに関わる決議事項について整理しましょう。金額が管理規約に明示されていない管理費の値上げなど、比較的簡易なものは原則、マンション全体の過半数が賛成すれば成立します。「普通決議」といいます。

　一方、重要度が高いためにマンション全体の4分の3以上の賛成を必要とする「特別決議」もあります。例えば階段を壊してエレベーターを設置するといった場合です。共有スペースを改築する場合、これに該当することが一般的です。

　マンション全体とは「区分所有者と議決権それぞれ」を意味します。複数戸を持つ人がいると、所有者の数と議決権の数が一致しなくなりま

す。議決には両方の基準でみて一定以上の賛成が必要ということです。

　建て替えは特別決議に含まれ、法律では特に5分の4以上の賛成が求められます。これだけの同意を得るのは決して簡単ではありません。マンション法務に詳しい篠原みち子弁護士は「計画が持ち上がった後、10〜20年かかることも珍しくない」と言います。

　仮に決議がいったん成立したとしても、一部の住民があくまで反対し、退去を拒むことも考えられます。そうした場合、一定の手続きを経て反対者の所有権を買い取る「区分所有権売渡請求」という方法もありますが、こじれて裁判に至る場合も多いそうです。

　所有者から部屋を借りて住んでいる人が居座ったりすると話はさらに複雑です。建て替え決議をしても「借家権」をもつ賃借人を強制的に立ち退かせることは原則できないと考えられているからです。

　マンションの建て替えは、みなが納得するまで話し合いを続けることが前提になります。老朽化が深刻になる前、早めに対策を議論する場を設けることが大切になります。篠原氏は「建て替え以外にも、修繕計画の見直し、敷地売却など複数の選択肢を挙げ、それぞれの利点や必要な費用を丁寧に検証していくとよい」と助言しています。

　ちなみに老朽化したマンションを丸ごと売却するという選択肢もあります。法改正により今年12月から、耐震性が不足する場合、5分の4以上の賛成で建物・敷地を売却できるようになります。従来、売却には全員の賛成が必要でした。建て替えが実現しない場合の最終的な手段という位置づけです

Contents

はじめに …………………………………………………………………… 3
「マンションの『困った』 建て替え反対の人がいる」
　　　　　　　　（平成26年11月12日付日本経済新聞朝刊）……… 6

序章　マンション老朽化と建替え

第1節　都市化とマンション住まい ……………………………………… 17
　1. 戦後日本社会の変化と都市化 ……………………………………… 17
　2. 日本型の都市集中 …………………………………………………… 18
　3. 郊外から都心マンションへ ………………………………………… 19
　4. マンション再生 ……………………………………………………… 20
第2節　スラム化マンションの再生 ……………………………………… 21
　1. 円滑化法の実例 ……………………………………………………… 21
　2. 金王町住宅の時代と渋谷 …………………………………………… 22
　3. マンションの所有 …………………………………………………… 24
　4. 借地権の価値 ………………………………………………………… 25
　5. 機能的老朽化 ………………………………………………………… 26
　6. プリンシパル・エージェント問題 ………………………………… 28
　7. 開発業者の価格設定 ………………………………………………… 29
　8. シェア・コントラクト ……………………………………………… 30

第1章 マンション建替えの経済理論と円滑化法

第1節 建替え計画の評価 …… 34
1. 地価と地代 …… 34
2. 大規模修繕か建替えか …… 35
3. 老朽化と建替え …… 36
4. 変革か安定か …… 37
5. 転売転出か共同で建替えか …… 38
6. 反対心理と囚人のディレンマ …… 39
7. 建替えの付加価値 …… 42

第2節 不動産市場と評価 …… 43
1. 不動産の需要と地価 …… 43
2. 地価上昇とマンション建替え …… 44
3. 不動産鑑定評価の方法 …… 45
4. 地価と建替え …… 46
5. 地価の指標 …… 47
6. 立地条件 …… 48
7. 建替えの利益試算 …… 49
8. 敷地の評価と還元率 …… 50
9. 建替えと容積率 …… 51

第3節 建替えの合意 …… 52
1. 法定の合意とその形成 …… 52
2. 不可能性の定理 …… 54
3. 資金手当て …… 55
4. 建替えのブレーク・イーブン（損益分岐）ポイントと老朽化 …… 56
5. オーナーズバイアス …… 57

6. ブレーク・スルー（突破点） ……………………………………… 58
  7. グループ集積力 …………………………………………………… 60
第4節 建替えの組織形態 ………………………………………………… 62
  1. 建替え事業の形態と組織化 ……………………………………… 62
  2. 建替え決議の要件 ………………………………………………… 64
  3. 建替え決議への流れ ……………………………………………… 65
  4. 建替えの建築費 …………………………………………………… 66
  5. 建替えスキームの源流「権利変換計画」 ……………………… 67
第5節 等価交換法と建替え需要 ………………………………………… 68
  1. 還元床面積の決定 ………………………………………………… 68
  2. 等価交換法 ………………………………………………………… 70
  3. 還元床面積と価値の増加 ………………………………………… 72
  4. 建替え案による再建マンション面積と意志決定 ……………… 73
  5. 転出者と建替え不賛成者 ………………………………………… 73
  6. アンケート・インタビューと住戸選定 ………………………… 75
  7. 需要と供給による説明 …………………………………………… 76
  8. 地上権マンションの計画組み込み ……………………………… 77
第6節 総会、契約と権利変換手続 ……………………………………… 78
  1. 建替組合の法人化 ………………………………………………… 78
  2. 組合内部での合意と諸契約 ……………………………………… 78
  3. 組合と対外部組織との契約 ……………………………………… 79
  4. 組合設立準備と設立総会へ ……………………………………… 80
  5. 総会とその重要性 ………………………………………………… 81
第7節 新円滑化法の概要 ………………………………………………… 84
  1. 円滑化法改正の経緯 ……………………………………………… 84
  2. 要除却マンションの認定 ………………………………………… 85
  3. 新法の要点 ………………………………………………………… 85

4. 敷地売却と敷地売却組合 ·· 85
5. 容積率緩和の要請 ·· 86
6. 「時価」というハードル ·· 87
7. 税制優遇措置 ·· 87
8. 新法による建替え問題の新たな解決 ···································· 88

第2章　協力事業者との交渉に備えて

第1節　協力事業者の計画と契約 ·· 91
1. デベロッパーの計画と還元床提案の計算 ···························· 91
2. 権利変換計画における増し床の粗利 ···································· 91
3. 転出者床の寄与する粗利 ·· 92
4. 転出者床と増し床の交換と粗利 ·· 93
5. 保留床にとどまらない協力事業者の粗利 ···························· 94
6. シェア・オプション契約 ·· 95
7. 法規定の権利変換計画 ·· 96

第2節　建築とその課題 ·· 100
1. 建築期間中の課題 ·· 100
2. 建築期間後半の課題 ·· 101
3. 竣工引渡しに向けた費用の清算 ·· 103
4. 竣工、内覧会、引渡し ·· 104
5. 竣工祝賀会と定例総会 ·· 105
6. 徴収金と交付金 ·· 106
7. 解散総会と会計検査 ·· 107
8. 建替え以外の選択 ·· 107
9. 解散総会後の清算について ·· 108

第3章　金王町住宅建替えの実例

第1節　金王町住宅建替えのプロセス ……………………………… 111
1. 建替えまでの道のり ……………………………………………… 111
2. 建替え前の状況 …………………………………………………… 112
3. 金王町住宅の構造 ………………………………………………… 114
4. 管理組合設立と建替えの機運 …………………………………… 115
5. 大規模修繕の見積り ……………………………………………… 116
6. グループ間の軋轢 ………………………………………………… 116

第2節　建替えの序奏 ………………………………………………… 117
1. 建替えへ向けて …………………………………………………… 117
2. 金王町住宅の住民の属性 ………………………………………… 118
3. 参加組合員の選定 ………………………………………………… 119
4. 組合結成まで ……………………………………………………… 119

第3節　建替え準備の実務 …………………………………………… 121
1. 建替事業としての準備 …………………………………………… 121
2. 「従前価値」 ………………………………………………………… 122
3. 建替え決議 ………………………………………………………… 122
4. 建替え決議総会 …………………………………………………… 123
5. 住民の建替え参加準備資金 ……………………………………… 124
6. 敷地利用権の評価額 ……………………………………………… 126
7. 増し床負担金 ……………………………………………………… 126
8. 建替え用の資金アンケート ……………………………………… 127
9. 新マンションのフロアプラン …………………………………… 127

第4節　建替組合結成と法人化 ……………………………………… 129
1. 建替えプランと承認 ……………………………………………… 129

2. 組合の法人化と設立総会 …………………………………………… 130
    3. 組合理事の選挙と事業の急進展 …………………………………… 130
    4. 権利変換計画と下準備 ……………………………………………… 132
    5. 住戸振り分けと権利変換計画書 …………………………………… 132
    6. 住戸選定と増し床制限 ……………………………………………… 133
    7. 建替え反対者の対応 ………………………………………………… 135
    8. 売渡し請求 …………………………………………………………… 135
    9. その他異例住戸への対応 …………………………………………… 136
    10. 借家人への対応 ……………………………………………………… 138
    11. 増し床負担金の回収 ………………………………………………… 139
 第5節　再建マンション建築と組合活動 ……………………………………… 139
    1. 建築期間中の組合の仕事 …………………………………………… 139
    2. 登記や関連の税金など ……………………………………………… 143
    3. 内装オプション ……………………………………………………… 144
    4. 管理規約・長期修繕計画、アフターサービスの確認 …………… 145
    5. 工事代金等費用の清算 ……………………………………………… 146
    6. 清算金残額の回収 …………………………………………………… 147
    7. 組合の立替費用と工事代金 ………………………………………… 147
    8. 組合の目的意識と結束 ……………………………………………… 148
 第6節　再建マンションの完成 ………………………………………………… 148
    1. 竣工、内覧会、引渡し ……………………………………………… 148
    2. 竣工祝賀会と定例総会 ……………………………………………… 149
    3. 戻入れ金の返還 ……………………………………………………… 150
    4. 解散総会と会計検査 ………………………………………………… 151
    5. 新法の問題点 ………………………………………………………… 152

第4章　実用的な経験

第1節　円滑化法下の借地契約と底地処理 …………………………… 155
　　1．旧借地法の地上権 ………………………………………………… 155
　　2．金王町住宅の場合 ………………………………………………… 155
　　3．借地権マンション ………………………………………………… 156
　　4．借地権の地代と還元床 …………………………………………… 159
　　5．底地の権利変換組み込み ………………………………………… 160
　　6．金王町住宅の権利変換 …………………………………………… 160

第2節　シェア・コントラクトとその履行 …………………………… 162
　　1．金王町住宅の戻入れ金 …………………………………………… 162
　　2．コール・オプションとシェア・オプション …………………… 163
　　3．オプション契約の履行 …………………………………………… 164
　　4．転出者床と増し床の粗利 ………………………………………… 164
　　5．権利変換計画 ……………………………………………………… 166
　　6．権利変換計画による利益 ………………………………………… 167
　　7．協力事業者との継続交渉 ………………………………………… 168
　　8．シェア・コントラクト …………………………………………… 169
　　9．戻入れ金の支払い ………………………………………………… 171
　　10．シェア・オプションの第2段階と第2の約束 ………………… 172
　　11．シェアの利益1.8億円 …………………………………………… 173
　　12．円滑化法規定の返還金計算 ……………………………………… 174

第3節　組合解散と会計検査 …………………………………………… 176
　　1．解散総会と会計検査 ……………………………………………… 176
　　2．組合清算における混乱 …………………………………………… 177
　　3．金王町住宅建替事業の貢献 ……………………………………… 178

第4節　法人組合の監督制度の欠落 ……… 179
  1. 情報の片務性と監視監督制度 ……… 179
  2. プリンシパル・エージェント・モデル ……… 179
  3. 組合員の権益保護 ……… 180

あとがき ……… 182

カバーデザイン／株式会社イオック

序　章
マンション老朽化と建替え

第 1 節　都市化とマンション住まい

1 ｜戦後日本社会の変化と都市化

　わが国は面積狭小で、山地が多く平坦地が少なく、人口密度が高い。そのような印象があるが、実は必ずしもそうではない。平地の居住可能面積を単純に人口割りすれば、十分なうえにあり余る面積が生じる。郊外の田んぼの1～2割は休耕田である。その面積だけでも相当な住宅地が供給できる。

　問題は、近年とみにその傾向を強めている人口の3大都市圏への集中である。

　日本の地方人口は少なくはなかった。昭和29（1954）年の産業動態調査によれば、当時の農家人口は3,760万人。「55年調査」では総人口約9,000万人であるから、この頃は4割以上が農家人口として地方に居住していたのである。農林省農業総合研究所（現農林水産省農林水産政策研究所）の並木正吉の研究によれば、このうちの新規農家は60万戸300万人。敗戦後の貧困な産業と食糧事情で、都市から農村へと移住した人口は少なくなかったのである。

　農家の長子相続。高度成長期の都会への集団就職、輸出産業中心の産業構造への変化、円高と農産物輸入の拡大など、半世紀の間に進んだ社会変動と人口移動で、大きく様変わりした。いまや専業農家は44万戸。人口にして200万人程度である[4]。労働人口8,000万人弱のうち、97.5％が農業以外に従

事しているのである。平成17（2005）年時点で3大都市圏人口とそれ以外の地の人口比率は逆転し、都市は5割以上の人口を占めている[5]。地方は人口減少、商工業衰退、シャッター街の憂き目を見ている。近年は東京都市圏が、人口集中で独り勝ちである。

2 日本型の都市集中

都市集中の恩恵は、①集中による外部経済の恩恵（情報アクセス、文化や買い物利便性など）、②職住接近（企業と従業員ともに移動費用などのコスト最小化）、③公共財の充実（公共交通・道路、環境の完備、行政サービスの近接や充実）など数多いが、それでも欧米諸国では日本ほどの集中現象はない。

ヨーロッパならどこでも大都市から30分も車で走ると、森林や草原の郊外となる。アメリカでそもそも大都市に相当するのは、ニューヨーク、シカゴ、シアトル、サンフランシスコ、ロスアンジェルスなどしかない。大都市が少ないということは、農村などの後背地が広い、ということである。また、地方から都市、都市から地方への移動費用が低く、流動性が高い。移動費用が低いということは、不動産の流動性も高く、効率的に活用されていることでもある。

不動産の生産性（稼ぎ）が地代や賃料に追いつかなければ、直ちに別の産業に代わる。新ビジネスがより高い地代・賃料をオファーすれば、すぐに入れ替わる。こうして、不動産は最も高い地代・賃料を払う最も効率の良いビジネスに引き継がれ、有効生産性を上げるのである。

これに対して、日本では固定資産税は特例で税額が低く、いったん所有され使用されると、とたんに動きが遅くなる。取引費用と不動産の売買に対する税金が高いので、使わなくても空き地・空き家で持っていたほうがよい、となる。こうして、日本では、スプロール現象を起こして、長い間あばただらけの空き地・空き家が残っていたのである。

序　章　マンション老朽化と建替え

　この様相が少し変化したのは、土地の証券化。不動産投資法人の促進であろう。

　小さな空き地を統合して、有利な容積率や総合設計（公開空地を併設した建築）を使えばより大きな床面積が確保でき、マンションやオフィスビル事業が展開できるようになったのである。こうして、都市の高層建築が一層増え、人口回帰が起きた。これに団塊世代の旺盛な活動が伴って、都市集中の度合いが高まったのである。

3 ｜ 郊外から都心マンションへ

　先の戦争が終った頃、日本の人口は現在の半分ほどであった。その頃生まれたベビーブーマー（団塊）世代の子供たちは、常に日本の現代史を塗り替える役割を果たしてきた。小学校中学校は複数クラスに膨れ上がった。受験は熾烈を極めた。学生運動を引っ張ったのもこの世代である。猛烈社員、生産性向上、海外進出、集中豪雨的輸出、貿易黒字。そして、日本は豊かになった。

　1970年代、この世代が独立して働き始めると、住宅需要が増加し郊外に領域を伸ばした。ベッドタウンの狭小な集合団地や建売住宅が急激に増えた。

　経済地理学にフォン・チューネンの古典的開発原理がある。

　都市の周辺にまず野菜農業、次に森林や穀物農場、その外側に牧畜地や山地が広がり、「地代」は中心からの距離に従って下がる、とされている。現代の都市型社会に当てはめれば、都市のすぐ縁辺は「事務所ないし商店の地代」であろう。その周囲は「住宅地の地代」。その外側が「農業地の地代」と、距離に従って下がる。

　団塊世代の成長期は、住宅が不足し都市内の地代・賃料が上昇し、人々は周縁部のベッドタウンに作られた建売住宅に家を構えた。この時期は三大都市圏への人口流入が減少し、逆に都市から地方への移転が増加している。統計によれば、1住戸当たりの平均面積も小さくなっていた。いわゆる「ウサ

19

ギ小屋」である。都市と近辺の限られた土地供給に需要が集中すれば地価は否応なく上がり、「わが家」の需要は郊外の狭小住宅に向かわざるを得なかったのである。この時代の人々が、郊外の狭小住宅から長い通勤時間をかけて働きに出たのに対して、1970年代以降急速に増えるマンションは、わが家の都心回帰現象である。

4 ｜ マンション再生

　人生にはライフサイクルがある。アメリカでは、結婚して子供が増えると一家は教育施設も整った郊外の環境の良い大きな家へ移る。キャンピングカーでのピクニック、バーベキューなどと子育て期を過ごすも、子供らが独立すると大きな家を売って、再び夫婦のために医療施設や買い物に便利な都市のアパートに移る。

　日本は、取引費用が高く容易に売り買いできないうえ、歴史的文化的に地縛性が強く、アパートから一軒家、再びアパートへといった移動・流動性は低い。それでも今や、日本は人口減少時代を迎えている。そのうえ、高度成長や貿易黒字を経て、生活は格段に豊かになっている。定年期に達した団塊を中心に人々は、使い古し住宅と豊かな生活のはざまにあって再び嵐をおこすかに見える。新しい住宅に移るか、あるいは使い古し住宅を建て直すか。なかんずく集合住宅、マンションをどうするかが、今問われている。

　全住宅の13.5％を占める空き家のうち、共同住宅は半分以上の470万戸余である[6]。倒壊寸前の建物もあり、事態は緊急を要している。平成22（2010）年6月、学識者やマンション管理組合、大手デベロッパーなどによって設立された"老朽化マンション対策会議"の「多数決による区分所有関係解消制度の創設」を中心とする提言は、区分所有関係の解消により、建替えなどの意思決定のハードルを下げ、ごね得を封じる手法が考えられている。安倍政権の経済振興策の一端として、"規制改革会議"がまとめた答申には建物の用途変更等、既存建物の有効活用のアイディアも盛り込まれている。

これら提言、答申を受けて平成26（2014）年12月、旧「マンションの建替えの円滑化等に関する法律」（平成14年6月19日法律第78号、以下「旧円滑化法」または「旧法」という）が改正され、新「マンションの建替え等の円滑化に関する法律」（平成26年6月13日法律第69号、以下「新円滑化法」または「新法」という）として施行された。

　法律の名称が「建替えの円滑化等」から「建替え等の円滑化」に変わっただけの微細な変化であるが、内容は大幅に改正されている。たとえば、要除却マンションの認定、敷地売却組合や敷地売却、容積率緩和の要請、税制優遇措置が盛り込まれている。これまではハードルが高かった「時価」という問題も、「分配金制度」によって解決の道が図られた。

　4　農林水産省統計（平成27年）。
　5　総務省統計局統計。
　6　「共同住宅の空き家について分析」によれば471万1,900戸である。
　　http://www.stat.go.jp/data/jyutaku/2013/tokubetu_2.htm

第2節　スラム化マンションの再生

1　円滑化法の実例

　本書の実例では、平成14（2002）年に制定された旧円滑化法の下で事業が進められた「金王町住宅マンション（以下「金王町住宅」）建替組合」のケースを網羅する。初期の建替え事例として、旧借地法下の建替えとして、さらに利益シェアが成功した極めて貴重な事例である。また、新法での建替えも、手法は基本的に変わっていない。

　東京渋谷駅至近に所在する金王町住宅は昭和30（1955）年の建築である。竣工と入居は翌31年であるから、最初の民間マンション「四谷コーポラス」と同じ年である。

　正式名称「金王高桑ビル（当時、まだマンションという呼び名はなかっ

た）」の部屋は、日本家屋仕様であった。10坪平均の住戸は、6畳2間の和室と4畳ほどのキッチン兼ダイニング、そして和式の水洗トイレと各室風呂付きであった。水洗トイレと各戸の風呂、廊下に向いた鉄製扉は、当時としては画期的な設計である。

ビルの建築当時、この建物の11階建てが一番高い建物であった。近隣はせいぜい2階建てなので、大変見晴らしがよかった。そんな見晴らしも、50年の間に周囲は高い建物に囲まれて、窓の外は隣のビルの壁となってしまった。

金王町住宅に象徴されるマンションの老朽化は、その後林立する多くのマンションに共通していると思われる。変化の主体は、マンションそのものだけでなく、日本の世情だからである。

建替えは、このマンションの価値を劇的に引き上げた。建築費用の負担程度で、従前価値の2倍以上の市場価値を得たのである。

開発業者と協力して建て替えるとき、住民が差し出す旧マンションの部屋に対して、建築後の新マンションで返される床面積を一般に「還元床」という。容積率に余裕があれば、還元床は大きくなり、余裕がなければ小さくなる。多くの場合、還元床は小さくなり、住まいの面積確保には床面積を買い増さなければならない。これを「増し床」という。金王町住宅の場合、小さくなった還元床を補った増し床で広くなった部屋は、総体として2.5倍ほどの市場価値になった。何よりも、新しい住みやすい住戸となったことが、最大のメリットといえよう。建替えが、有利な投資たるゆえんである。

2 ｜ 金王町住宅の時代と渋谷

大戦で大敗を喫した日本、破産状態のニッポンの住宅事情は、惨憺たるものであった。

人々は焼け跡にバラックを建てて、住んだ。まともな仕事もないので、家を維持する資力も乏しければ、建築資材すら不足した時代である。木造家屋

序　章　マンション老朽化と建替え

の屋根瓦が軒の先で落ちかけ、外壁のスギ板は雨風でやせ細って筋が立っている。家の中とて、畳は表面がはげ、イグサの土っぽい芯が露出し、薄暗い裸電球の中で、破れ障子に日に焼けたふすまの4畳半は、小津安二郎の映画に出てくるようなうらぶれた世界である。

　当時の水道管は13ミリ径1本。真鍮の蛇口から、出る水は勢いもなくちょろちょろである。家風呂なんて贅沢は、普通どこの家庭にもない。

　そのころ渋谷は新開地の面影残る住宅地であった。商店の集まる駅周辺は、渋谷川渓谷の底である。地下鉄銀座線が青山通りのトンネルを抜けて渋谷に到達すると、ここでは地下から地上3階の宙に浮いてしまう。駅ではその下の低いところを直交して、原宿と恵比寿を結ぶ茶色のペンキ塗り木造客車の山手線が走る。駅の東西は、急な登り坂である。東側は宮益坂、西は道玄坂。駅東では、東急文化会館が唯一、14階建ての高層ビルであった。金王坂はその後方、南口から環状線内に向かう、新たに切り切り開かれた道である。写真に見られるように、都市計画道路の広い坂道になる一帯は、民家や掘っ立て小屋が強制排除された広い帯状の空き地であった。金王町住宅のビルは

建築時の金王町住宅周辺

（出典：渋谷区郷土博物館・文学館）

そんな環境の中で、この都市計画道路に面した200坪の土地に建てられたのである。

鉄筋コンクリート11階建て。最新のエレベーターがついた高層住宅は、周辺の木造2階建て住宅・商店のくすんだ瓦屋根を睥睨(へいげい)していた。

部屋は2DK、水洗トイレ・風呂付。駅至近の、当時の住宅事情として最高級のマンションであった。部屋の占有面積は10坪強、$34m^2$程度とはいえ、昭和30年（1955年）代では、これがみんなのあこがれ、コンクリート高層住宅だったのである。

若かりしオノヨーコは、この建物の北向き11階の部屋にしばし居を構えていたという。作曲家一柳慧との新婚時代のことである。

爾来、50年間、住宅は住民の成長・変遷に合わせて大きく変化した。

各住戸は、それぞれに内部の改装を重ねていた。和室の畳と和式のトイレを洋風にしたものが多い。しかし、もとが和室しつらえのため、入口扉を開くとすぐに高い上がりかまちがあった。そのため、部屋全体が30センチほど上がった高い床の上にある。床下に上下水道の水回りと電気などのパイプ類が通っているので、改装時もこの床は外せない。頭上に上階の床スラブが迫り、低くて狭く、息が詰まる小さな箱のようである（114ページに住戸フロアプランがある）。

また、50年代のこの頃、土地は買うものでなく、地主から借りるものであった。金王町住宅も借地権の上に建てられていた。

3 ｜ マンションの所有

戸境壁(こざかいへき)とはマンション、アパートなどの共同住宅で、隣り合った住戸の間にある壁のことで、界壁(かいへき)ともいう。

マンションを所有するということは、集合住宅（複数以上の住戸からなる建物）のうちの戸境壁に囲まれた一住戸を所有することである。これを「建物の区分所有」という。共有部分の所有権と使用権など、建物の区分所有等

序　章　マンション老朽化と建替え

に関する法律（以下「区分所有法」という）に細かい規定があるが、要するに、隣家と公共用の廊下を隔てる「壁に囲まれた空間」を所有しているのである。部屋を囲む壁は、共有物である。共有面積部は「使用権」として権利に含まれるが、これは住戸全員に平等な権利である。自ら自由に使用できるのは、壁が囲む「空間」だけである。入口扉さえも、共有物に属する。

　実は、ベランダも私的に所有されているわけではない。専有使用の許された共有部分なのである。ベランダは非常の場合、左右の部屋から隔壁を破壊して安全避難路を確保し、下の階へ移動するための避難路が設定されているからである。

　マンションの建っている土地は、どのように所有されているのだろうか。

　建物を所有している限り、結局住民全員で、その土地を「占有」していることになる。

　その占有の権原が所有権であることもあれば、借地権のときもある。

　借地の場合は、契約時期と内容によって2種類に大別できる。返還期限の定まった「定期借地権」と、平成3（1991）年以前の旧借地法に守られた借地権と、さらに強い地上権がある。

4 ｜ 借地権の価値

　金王町住宅は、旧借地法に基づく50年契約の借地権で建てられていた。平成17（2005）年10月31日が50年の期限であった。

　終戦直後の日本では、土地は「買う」よりも「借りる」ものであった。農業国家では、土地は「小作」の生産のために借りる伝統があったのである。長期の契約は「地上権」として、法律によって強く守られており、契約の期限切れで直ちに地主に返却する必要はない。建物が存続する限り、契約は自動的に20年の延長が保証される。ただし、建て替えるには契約を更新しなければならない。地主が「ノー」と言えば、建て替えられない。したがって、地上権契約の敷地利用権の価値は、借地権の残存期間による。

国税庁の路線価図には、「借地権割合」が規定されている。

　「借地権割合」とは、土地の時価に占める借地権・地上権の権利の割合である。借地権・地上権は相続可能な物権なので、国税庁はその割合を設定し、相続価値の指針としているのである。土地の市場価値は、これを基準に分けられる。

　路線価図による金王町住宅の借地権割合は、80％であった。坪800万円の評価価値であれば、地主は20％160万円の権利、地上権者の住民は80％640万円の権利を持っていることになる。

　しかし、期限付きの地上権契約では、期限が来れば地主に契約更新料を支払って契約更新しなければならない。8割価値の地上権を設定するには、契約期間に応じて相当な額の契約更新料を要求されるであろう。金王町の地代は1戸平均して年20万円であった。再度50年契約にするなら、今後の地代支払いは総額（価額に変化がなければ）約1,000万円である。1戸当たりの占める権利は約2坪なので、時価で1,600万円。地主は、今後得られる地代1,000万円を差し引いて、更新料を1戸当たり600万円まで要求する可能性がある。2割の底地の価値は320万円なので、それなら買い取って所有権としたほうが安い。

　仮に、地主が更新を拒否したらどうなるであろうか。建物を取り壊せば、借地権は消滅するので、取り壊せない。すると、老朽化しスラム化の運命が待ちうける。契約期限が切れれば地主は当然に「立退」要求や訴訟を起こすであろう。借地権マンションは火縄の長い爆弾のようなもので、価値が低いわけである。

5 ｜ 機能的老朽化

　古いマンションの構造は、現在の豊かになった生活にはそぐわなく狭く、貧弱で、設備も古くさい。金王町住宅の場合、6人乗りのエレベーターだったが、見回すほどに狭い。ボタンのところに磨り減った年季物のアルミ板が

あり、自動操作の説明と注意書があった。機械の反応も遅く、ボタンを押して5秒ほどたってから、扉が閉まり大きくゆれて動き出す。上下時も、途中で何かにぶつかったり、こすったりする音を立て、「今いったい何階だろう」と考えるほどに速度は遅かった。閉じ込められ事件は数知れず。「非常電話」も昔の手回し式の黒い重い受話器がぶら下がっていた。

現在の水道管の規格では、細くても直径16ミリの管であるが、この頃の水道管は昔の直径13ミリ管が各戸一本しかない。お湯は集中して供与されるが、小さな風呂を満たすにも30分はかかった。下水のパイプは床下から下の階の天井裏を這っているので、下の階に音が筒抜けになる。パイプも、いたるところさびがしみて破裂寸前で、突っつくと破れそうなので、「破れてから」と、修理を断られる始末であった。

構造体はしっかりとした鉄筋コンクリートなので、耐震指標（Is値）は0.6、ぎりぎり大地震にも耐えられるそうであった。

貧しかった戦後の日本では画期的な鉄筋コンクリート11階建て、2K水洗トイレと家風呂付、見晴らしも良かった「超高級アパート」であったが、半世紀後の生活には、狭い部屋や古くさい低い天井といった問題で、機能的

金王町住宅の外観（平成17年頃）

に老朽化していたのである。

6｜プリンシパル・エージェント問題

このような状況であるから、建替えの話は何度か出た。

1980年代のバブル期にはさまざまなデベロッパーが声をかけてきた。90年頃は、地主が傘下の不動産管理会社を使って所有者追い出しを図ったこともある。これが不成功に終わった後、子飼いの不動産会社を使って建替えに手をつける。これが90年代の終わり、21世紀にかかる頃である。

金王町住宅は、借地権や狭小といった問題を抱えながらも、借地権期限終了間際に建替えに成功している。その主な理由は、老朽化し陳腐化の極みに達した建物であること、住民の一部にこの地で建て替えた新マンションに住み続けたいという強い意志があったことと、最後に事業を引き受けた組合の熱心な活動が集中して一気に建替えを力強く進めたことにある。

経済学に、プリンシパル・エージェント・モデルがある。

委託や雇用契約において、委託・雇用するほうはプリンシパル（主体）であり、業務や仕事を受けるほうはエージェントである。

エージェントは特定の業務や仕事のエキスパートであり、依頼主に応えて働くのが役割であるが、常に自己利益を優先させるインセンティブがある。これを扱うのが経済学の「プリンシパル（発注主）・エージェント・モデル」である。仕入担当が、わいろを要求したり、弁護士が、遺産をかどわかしたり、といったモラルハザードを防ぐには、しっかりした契約履行システムか、長期的取引の信用に頼るしかない。

建替事業の場合、プリンシパルの住民に対してエージェントは建替組合役員と、協力事業者の2者である。円滑化法は、法律の面からモラルハザードを規制している。法人組合の公益事業として建替えをする場合、行政が監督してモラルハザードを予防する。それでも、エージェントは巧妙にこれをかいくぐって私利を模索する。

金王町住宅の場合、最終アンカーを務めた建替組合役員に、インサイダー特権を駆使して利益を得た者がいた。協力事業者もまた、巧みに住民の無知無経験に付け入ってくる。違法行為や業者の利益追求を監督監視する行政や、弱者救済をする司法にも見逃される、といったこともあった。

　本書は、業者や職能組織の息がかかった建替え指南書ではない。また、行政官庁の発する通り一遍の指南書でもない。実例に基づいた建替えの「落とし穴」や、対処方法を説明した住民のための指南書である。

　利益追求の協力事業者の見積り過程や行動、インサイダー利益を追求する組合役員の手法、おざなりな行政の監督監視体制の不備、さらに弱者の被害救済をすてて強者の理論に加担する司法の怠慢についても詳述する。これらはすべて建替えに立ちはだかる高い障壁である。

7 ｜ 開発業者の価格設定

　マンション建替えには、数年にわたる準備と合意形成期がある。これに2〜3年にわたる建築期を入れると、相当に長い事業である。協力事業者（開発業者）は、長期にわたるリスクを勘案して計画を策定する。合意形成中に費用増加などの変更はできないため、原価を構成する敷地利用権は極力低めにと、保守的見積りをする。また、完成マンションの価格も売りやすい低めの価格に設定する。競合する業者間で多少程度の差はあっても、これは変わらない。

　金王町住宅の場合、デベロッパー数社に声をかけたところ、うち2社が事業計画案を作成提出した。いずれも土地価格を坪単価700万円程度に評価していた。

　敷地は200坪。住戸は102戸。したがって1戸当たり敷地は2坪弱である。これを700万円で評価すると、敷地に対する保証は1,400万円。実際、転出補償金の見積りも平均1,400万円であった。

　管理組合は少し時期を違えて、不動産鑑定業者に独自に評価を依頼した。

その結果、敷地の更地価格は坪単価800万円±5％であった。建物の除却（解体）費用を差し引いても、計画案の評価額は低い。

予測価格がリスク込みの低めの販売価格であるなら、竣工後の販売では設定価格より高く売れる可能性が極めて大きい。しかし、現行の権利変換契約では、「保留床」は協力事業者の所有となり、当然に売上も業者に回収される。

「保留床」とは、建替事業の協力事業者（開発業者や建設業者）が、権利者に返還する床面積（還元床）以外に保留する床である。業者はこれを市場に売って、出資金を回収するのである[7]。

そこで組合側は、保留床の売上が計画時の予定以上になった場合、その一部が組合に戻るような合意をデベロッパーに持ちかけることにした。この交渉は権利変換計画がほぼでき上がった頃に進められた。具体的には、保留床の販売価格が10％を超えたときは、売上余剰6割を組合に戻し入れると、内諾を取った。これが「シェア・コントラクト（分益契約）」である。

8 ｜ シェア・コントラクト

協力事業者が手中にする保留床の予定価格は、権利変換時には低めに見積もられている。また、権利者の提供する敷地利用権も、時価に比して低めに見積もられている。こうして、マンション完成時に保留床が予定価格より高く売れれば、余剰はすべて業者が手中にする。これが現在の等価交換制度である[8]。

協力事業者を招き入れるにあたって、権利者側も法外な土地評価を突きつけるわけにもいかない。考えられるのは、「プロフィット・シェアリング」契約である。気候変動の影響が大きい農業の小作地代や、地租などは、「収穫を分ける」分益制度がある。地主4割小作6割といった契約である。つまり、収穫の変動リスクを分け合う制度である。プロフィット・シェアリングはこれを適用して、業者の計画以上の余剰利益を組合にも戻す契約である[9]。

具体的には、二つの案が考えられる。

一つは山崎・瀬下が提唱する「コール・オプション・コントラクト」である[10]。保留床価格が上昇したとき、権利者が協力事業者の計画時に策定した価格で買い取って、市場に高く売る権利を付帯した契約である。

もう一つの手段は、金王町住宅が実行した「余剰のシェア（分益）・コントラクト」である。保留床価格が予想価格以上になったとき、その余剰を組合とデベロッパーが適当な割合でシェアする契約である。

金王町住宅の場合、予定価格より高く売れた場合の余剰を、両者の床面積割合でシェアしたのである。その結果、各戸平均1,550万円の負担金出資で建替えたところ、シェアで1戸当たりグロスで360万円が戻ってきたのである。

シェア・コントラクトには出資金割合や、権利関係の割合など、それぞれの契約に応じたシェア割合もあるであろう。コール・オプションよりも優れている点は、業者側にも高く売るインセンティブが残されていることである。また、転出者へのシェアの保証をつけ加えれば、建替え決議賛成の強いインセンティブともなる。

ただし、シェア契約の場合は、値下がりリスクも伴う契約となることも考えられる。業者が低めの予想価格で建替えを提示している場合は、プラスの戻入れが期待できるが、仮にマイナスも組合とシェアできるとなると、業者は高めの価格を提示して組合を引き入れるインセンティブとすることも考えられる。その場合、組合は損失リスクを負担することになる。

組合は契約にあたって、たとえば「価格低下についてはリスクシェアしない」などの「除外条項」を入れる必要があるだろう。

建替事業が数年にわたり、その間に市況が変わること、デベロッパーが保守的見積りを出しがちなことを鑑みると、シェア・コントラクトは現実的で権利者に有利な契約形態である。

はたして、老朽化したマンションの価値はどのように推しはかるべきか。

また、建替えのリスクや将来の利益をどのように担保するか。経済学の観点から説明しよう。

7 円滑化法第36条(参加組合員の負担金及び分担金)第1項には、「参加組合員は、国土交通省令で定めるところにより、権利変換計画の定めるところに従い取得することとなる施行再建マンションの区分所有権及び敷地利用権の価額に相当する額の負担金並びに組合のマンション建替事業に要する経費に充てるための分担金を組合に納付しなければならない。」と規定されている。保留床は協力事業者が分担金を回収し利益を確保するための源泉である。

8 金王町住宅の場合、新マンションの価値は、計画時予想価格は1戸当たり3,600万円(11.3坪換算)であるが、完成時の市場価格は4,500万円の値がついていた。

9 協力事業者については、円滑化法17条で「前条に規定する者(組合員)のほか、組合が施行するマンション建替事業に参加することを希望し、かつ、それに必要な資力及び信用を有する者であって、定款で定められたものは、参加組合員として、組合の組合員となる」と規定されている。

10 山崎福寿・瀬下博之「マンションの建替え決議と補償の在り方について」(浅見泰司・福井秀夫・山口幹幸編著『マンション建替え、老朽化にどう備えるか』105頁以下、日本評論社、平成24年)。山崎・瀬下はプット・オプションも提唱しているが、デベロッパーの提示する将来価格が実勢より高くない限り、プット・オプションは現実的ではない。

第1章
マンション建替えの経済理論と円滑化法

　予算や広さ、使いやすさ、ロケーション、近隣の状況や家族、仕事との関係等々、住まいについて決断するときに考えるべきことは多い。

　ロケーションと予算を考えても、遠い駅の、駅からも遠い戸建てよりも、マンションのほうが有利なことが多い。同じ予算で駅に近い物件が買える。働き盛りの通勤や、子供の学区、買い物の便を考えれば、マンションのほうが断然便利である。

　マンションに長く住まうと人生も変化するし、同時にマンションも老朽化し、どう対応するかも重大な問題となる。その場合、人々には三つの選択肢があると思われる。

　一つは、ステップアップ（あるいは縮小のステップダウン）のための転売転出である。マンション地上げによる転売もこれに含まれる。二つ目は、区分所有者多数による売却である。建物丸ごとの売却と敷地利用だけを想定しての売却がある。これは新円滑化法に盛り込まれ、建替えの代案としてのラストリゾート（最終解決）をなしている。

　しかし、本書は住民にとって最も有利な、もっとも大きな利益をもたらす「建替え」を中心に説明する。

　住みなれたマンションが老朽化して、何とかしなければとなったとき、どう考えればよいのだろうか。一体、どのような問題が絡んでくるだろうか。この章では、そのようなときの手掛かりとなる一般的な関連事項を検討してみよう

　まず経済理論から見た建替えの需給法則や権利変換、法律の規定との関係、そして建替えの手順と心構えの問題を網羅する。

第1節　建替え計画の評価

1│地価と地代

　土地の価値を示す数値に、地価と地代がある。

　地価が売買される土地の価値であるのに対して、地代は土地を使用したときに支払われる対価である。マンションにたとえて言えば、地価はマンションを買うときに支払う価格であるのに対して、地代はマンションを使ったときに支払われる賃料であろう。

　地価は「非稼働収益（Nonearning Income）」である。限られた土地に対する人々の需要、欲望の表れである。これは土地に投下される資本であるため、再販の際に得られる損益も「Capital Gain/Loss（資本損益・キャピタルゲイン／ロス）」と言われる。

　一方、地代は土地を活用したときの利益である。農地なら、作物の出来高で表わされる。土地に建物が付随している場合、その不動産の利益とは、活用したときに得られる利益である。たとえば、店舗の場合、売上げから地代含めた賃料・諸経費を除いた余剰である。

　地代や賃料は、経済活動の生産性、「一定時間当たりの価値」を表わすもので、フロー概念の「稼働収益（Earning Income）」の数値である。

　地価は売買で転嫁できるが、地代・賃料は稼動でしか生じない。そして、地代・賃料が地価の重要な構成要因となる。地代・地価は土地の生産性と、社会的風潮（好み）によって決まる。

　マンション老朽化に際しては、その敷地利用権（所有権や借地権）の価値と、建物がもたらす利益（老朽化の場合は「不利益」分を含む）とに分けて考える必要がある。建替えにかかわるのは、その「利益」と「建替え費用」の問題だからである。建物建替えの利益もしくは老朽化がもたらす不利益が、

第 1 章　マンション建替えの経済理論と円滑化法

建替え費用を上回るとき、建替えが課題となる。

2 ｜ 大規模修繕か建替えか

　マンションが古くなれば、まず「大規模修繕」という課題に直面する。

　団地やマンションの集合建築は、団塊世代の成長とともに、法律や建築技術に先行して発展したものである。住まいの需要が先走ったために、十分な経験則なしに集合住宅の建築が進んだ。昭和39（1964）年の新潟大地震では、大きく横倒しに傾いた県営川岸町アパートの写真が印象に残る。基礎を固定する岩盤域に達する杭の重要性が、認識された事件である。

　平成7（1995）年の阪神淡路大震災では、大規模な火災で廃墟と化した地域の衝撃的な写真が数多く残る。それよりもニュースバリューがないため報道されなかったが、ひび割れや傾いたマンションが数多く生じた。

　人はひび割れた柱や壁、傾いた床の建物に暮らすことはできない。しかし、そんな被災マンションでも傾かず、ひび割れの到達していない部屋もあった。

図表1-1　新潟地震で大きく傾いた県営川岸町アパート

（出所：ウィキペディア「新潟地震」)[11]

そこに暮らす住民は、被災した部屋とともに多大な費用をかけて建て替えなさい、と言われても納得できないものである。マンションが出現して30年かそこらの日本では、どのように「民意」を結集して再建を果たすか、ノウハウはなかった。そこで「被災区分所有建物の再建等に関する特別措置法」（被災マンション法）が制定された。

　自然災害で被災した集合住宅の場合、必ずしも老朽化しているわけでなく、住宅ローンの残る築浅物件も多い。再建するには、抵当価値のない損壊マンションに加えて、二重ローンを設定する必要があるが、蓄えのない個人には無理な話である。そこで、区分所有法が大きく改正され、管理者（管理組合設立）と修繕積立金制度が促進された。これによって、事態が悪化して初めて資金手当てを考えるという泥縄式から、有事の際の（あるいは老朽化に備えて）積立てが用意されるようになる。

3 ｜ 老朽化と建替え

　修繕積立金が積み上がるに従って、「建替えよりも修繕」を先に考えるようになる。建替えとなると、全住民を移転させるなどして動かさなければならないが、修繕なら管理組合が奔走すれば済むことである。それでも、老朽化は確実に進む。さらに、時代の変化とライフスタイルの進化で、建物の有用性は確実に劣後していく。

　金王町住宅を例にみると、鉄筋コンクリート・ラーメン（柱）構造の躯体は、コンクリートも鉄筋も十分な強度を保っていた。構造的な劣化は認められなかった。

　しかし、半世紀前の生活に合わせた設計なので、使い勝手の悪さはいかんともしがたい状態であった。機能的な劣化を、陳腐化という。

　階段室は防火扉のない「煙突状」で、幅も寸詰まり（約135cm）の狭さで、11階までらせん状に続いていた。廊下の隅に、外部開放の非常階段もあったが、こちらは幅半間（約90cm）の折り返し階段である。エレベーターホ

第1章　マンション建替えの経済理論と円滑化法

ールと廊下の間には20cm ほどの段差があり、車イスは行き来できない。廊下も低い天井に加えて、修理のためにいくつも配管された水回りや電気系統のパイプ類が頭上さほど高くないところを走っていた。

　何よりも、狭小6畳2間と小さなキッチンという狭さに、畳生活のための上がりかまちの高さ、低い天井とが、いかにも往時のウサギ小屋といった風情であった。近隣を見渡すと、新たに作られたマンションはどこも天井は高く、床スラブや壁も厚く、窓の開放部も広く明るく、見晴らしも良い物件ばかりである。渋谷駅至近という地の利は変わらないが、大規模修繕をしたところで、使用価値は変わらない。

　また、時代の要求する安全基準には追いついていなかった。これを機能的老朽化という。

4 │ 変革か安定か

　保険理論では、人が保険に加入するのは、安定的な将来を好むという前提に立つ。

　ハイリスク・ハイリターンは投機や賭け事ではありうるが、生活に関する限り、人はローリスクでも安定を好む。これをリスク・アバージョン（リスク回避）行動という。こと、住宅に関する限り、日常生活の慣れの上に、わざわざ波風を立てたくはない。老朽化や陳腐化を感じても、限界に達するまでは人は動こうとしないものである。

　金王町住宅の場合、当初からの住民はすでに70代に達し、定年や現役引退の人が多く、「変動」を好まない住民が多かった。といっても、生活が豊かになるに従って、建物の老朽化・陳腐化は認識されていた。それまでも再建の機運がなかったわけではない。そのたびに、住民は「慎重な」検討を望んだ。

　その結果、大規模修繕にも至らず、再建にも踏み切れない状態が繰り返された。

老朽マンション再建の遅れは、結局日本的な市場制度の遅れのせいであろう。アメリカの場合、住民総出で再建するという考えや制度がほとんどない。わずかにコーポラティブ型共有住宅の場合、住民が話し合って再建プランを練るケースがあるくらいである。コーポラティブ住宅が「組合共有住宅」である特性に深くかかわっているのである。普通の集合住宅の場合は、基本的に「空中権という権利」でしかない。区分所有権の拘束は極めて弱い。アメリカは、日本より市場流動性や人の移動性が高いので、古い部屋を売って新しい部屋に買い替える対価（トランスアクション・コスト、取引費用）も低い。市場取引は、利益と取引費用との兼ね合いで流動性が決まる。日本のように、住宅買替えの費用が、生活の変動リスクと犠牲を含め高くては、流動性は畢󠄀竟（ひっきょう）低くなってしまうのである。

　金王町住宅の場合、実際に半世紀間も所有し使っていた住民が多数であった。そのような流動性の低い集合住宅は、古くなればスラム化していく。金王町住宅の場合も、最後は空室ばかりという運命が待ちうけていた。

5　転売転出か共同で建替えか

　マンション流通市場の流動性が高ければ、取引費用も自然競争で低くなるので、部屋の所有者にとっては転売転出のほうが低コストで容易となるはずである。しかし、日本のようにトランスアクションコスト（取引費用）が高いと、住民が共同して建て替えたほうが楽になり、還元利益も大きくなる。

　これは次の理由による。

　マンションの市場価値は、住戸の敷地利用権の価値（地代部分）に部屋の利用価値（「純粋賃料」相当の価値）を加えたものである。

　鉄筋コンクリート建物の耐用年数は、税法の減価償却年限によりとりあえず47年を標準耐用年数としよう。マンションの部屋の価格から敷地利用権の価値を差し引いた残りが建物の価値である。建物の価値を、使用期間の47年で割ると、毎年の使用利益が割り出せる。これを「純粋賃料」という

（実際に他人に賃貸するときは、土地に投資した金額の利子分以上を回収するので、「市場賃料」はもっと高い）。

部屋の敷地利用権が、マンションの土地の価値である。

たとえば、金王町住宅の場合、敷地は200坪。住戸は102戸であったので、敷地利用権は1戸当たり約2坪。この地点の不動産鑑定による土地価格は約800万円だったので、1戸当たり1,600万円の地所を持っていたことになる。

しかし、この金王町住宅が建替え問題でもめていたころの市場流通価格は1,000万円。その後建替え決定後の転出補償金は1,400万円であった。1,000万円の市場価格は、建替えのめどが立たず、建物のスラム化に対する減価を引いた評価である。1,400万円の転出補償金は、その後必要となる底地問題の解決や建替え活動の面倒な費用を差し引いた価格に相当する。

建替えで住民は仮住戸や引越し費用、増し床負担金などの費用を支出するが、金王町住宅完成後の市場価格は、建替え前の価値に費用を加えた価額の2倍ほどの取引で流通している。

古い建物を除却（解体）して新しい建物を建てれば、マンションの市場価値は上昇する。そもそもマンション業者は、そのような利益を稼いでいるのである。したがって、老朽マンションでも、住戸を個別に売って出るよりも、共同で建て替えたほうが、市場価値の上がった分だけでなく、マンション業者が稼いでいた分の利益も獲得できるはずである。

しかし、共同での建替えは容易ではない。

6 │ 反対心理と囚人のディレンマ

建替え議論に際して、積極的反対派の声は致命的な障害となる。多くの場合、それによって活動がとん挫するのである。

円滑化法の「売渡し請求」は、決議が成立すれば誰でも反対者に売渡し請求をかけられるし、請求をかけた時点で反対者の所有物件は請求者に移転される強力な形成法である[12]。

しかし、その後に補償金額が提示されてからも、さらに物件明渡し請求や強制執行が待ち受ける。補償金の額が不当とされれば、裁判所の判断を仰ぐことになり、明渡しに抵抗すれば、またしても裁判所の出番となる。明渡し命令が出ても、実際に明け渡されない限り、時間のかかる強制執行手続を取らなければならない。これは少数者を保護するには不可欠の社会的制度であるが、建替え多数派の利益を損ねる結果となる。早く片付けるには、結局補償金に頼るしかない。そうすると、とりあえず反対すれば補償金が引き上げられるなら、人は積極的に反対に転じる。こうして反対派が跋扈する。建て替えれば、多くの住民みんなが新しい価値の住み心地の良いマンションに住めるとしても、反対派の跋扈で建替えが挫折し、マンションがスラム化か廃墟化する。そのような状況を「囚人のディレンマ」という。

　共犯の囚人二人が取り調べで「先に告白すれば、罪が軽くなる」というインセンティブを与えられると二人とも告白するため、両方ともが有罪になるディレンマを指す。建替えに際して、全員が建替えに賛成すれば、全員が早く新しい建物でベターオフできるにもかかわらず、ごね得反対派がいるために、全員が悪化する状況に閉じ込められる。

　図表1-2では、AとB二人の建替え案に対する賛否の対応を示している。

　仮に、1,000万円の資産価値がある老朽マンションがあるとする。これを建て替えた場合、改善された結果、1,200万円の価値を持つとする。建替えが成功すれば全員1,200万円の価値を享受するので、下の図の左上マスのように、成果の合計は2,400万円となる。が、一方、建替えに反対して売渡し請求でゴネると300万円の上積みで、1,300万円受け取れるとする。すると、賛成するよりも反対のほうが100万円多く入手できるので、反対のインセンティブが強くなる。

　その結果、二人とも反対に回ると、結局二人とも従前価値1,000万円のままで、マスの右下の「最悪の結果」となる。マンション建替えの滞りは、社会的福利を滞らせ、従前のスラムに留まる状態の増大を示している。

第1章 マンション建替えの経済理論と円滑化法

図表1-2 囚人のディレンマ

		Bの対応	
		賛成	反対
Aの対応	賛成	最良の選択　B 1,200 A 1,200	B 1,300　←反対が得 A 1,000
	反対	B 1,000 A 1,300	B 1,000 A 1,000　最悪の結果

↑反対が得

最良の選択 　成果の合計　2,400	合計　2,300
合計　2,300	結果の合計　2,000 　　最悪の結果

　囚人のディレンマは、建替えや大規模修繕の判断場面でしばしば見られる現象である。改善にするには、反対派への売渡し補償金が、再建新マンションの評価価値より高くならないように押さえることである。反対よりも、建て替えた新マンションを市場に売ったほうがより利益が得られるようにすれば良い。

　実際、金王町住宅でも、傍観者的立場に徹して、建替え直後に市場に売り、利益を上げた住戸が複数あった。また、反対者に支払われた補償金プレミアムは150万円であったが（上記の例では100万円）、売渡し裁判の応訴費用を考えると、まったく利益にならない反対だったはずである。

　新円滑化法では、区分所有解消で補償金に代わって「分配金」の制度が用意された。売却代金が決まれば従前建物の専有面積割合で分配される可能性が強くなり、ごね得が排除される制度となった。

7 ｜ 建替えの付加価値

　老朽化マンションの価値は、意外と低いものである。住んでいる人はともすると、安住に甘んじて客観的評価を見失いがちになる。しかし、新しいマンションの仕様と比べると、機能的老朽化、住宅としての陳腐化は比べようもなく劣る。日進月歩の技術革新のうえに、社会資本の充実で日本人の生活は相当に豊かになっている。人は新しい技術を集めた、新しい生活形態に合わせた住居と設備を求めているのである。新技術や生活が付加させる価値に対して、昭和40年代以前の技術や生活に合わせたマンションの市場価値は逆に相当に減額される。老朽化マンションが売れずに、空き室となる例が多いのはそのためである。これなどは、建て替えれば存在価値以上の付加価値がつくのである。法律や条例の改正で、ときには従前の容積率が確保できなかったり、建築費負担が大きくなったりすることもあるが、マイナス要因だらけの老朽化マンションなら、建て替えれば必ず価値は増大するのである。

　マンション建替えがコミュニティ活動だとすれば、建替え機運のない老朽化マンションや建替え反対派の目立つマンションでは、市場価値は一層低くなる。自らの資産を「さげすまされる価値」のままに甘んじるのは怠惰である。建替えは必ずマンション価値を増殖させる一大投資であることを理解し、人生の転機として積極的に考える必要があるだろう。このことは、先の囚人のディレンマ図の「最良の選択」域が示すように、両者の賛成でウィンウィンの結果となるのである。

11　https：//ja.wikipedia.org/wiki/新潟地震
12　円滑化法第15条（区分所有権及び敷地利用権の売渡し請求）第1項には、「組合は、（略）公告の日（略）から2月以内に、建替えに参加しない旨を回答した区分所有者（略）に対し、区分所有権及び敷地利用権を時価で売り渡すべきことを請求することができる」とある。

第1章　マンション建替えの経済理論と円滑化法

第2節　不動産市場と評価

1 │ 不動産の需要と地価

　不動産の需要とは、結局限られた地所に対する人々の、つまり社会的な需要である。

　日本の地価は、人口動態と経済情勢によって、浮き沈みが激しかった。高度成長期の1950〜60年代に一時年間平均20％の地価上昇期があった。これを第1の地価上昇期とする。

　第2の地価上昇期は70年にかけての時代である。高度成長期の豊かさが積み重なり、団塊世代の住居需要が顕在化した時期である。都心回帰よりも郊外へ転出する人口が多く、地価上昇も10％程度で収まっていた。

　それでも、日本人の土地信仰は強かった。家は庭付き一戸建て。事業するならまず土地の手当てと不動産投資。土地を握っていれば、損することはなかったのである。

　第3の地価上昇期は70年代末である。貿易黒字が積み上がり国内資金が潤沢になった頃である。年間上昇率は再び10％を記録する。続く80年代後期は金融緩和を受けて資金が金融と不動産に流入して、資産バブルが急激に進んだ。不動産価格は日々上昇して全国津々浦々までも富の恩恵はもたらされた。不動産を買っておけば、確実にキャピタル・ゲイン（値上がり益）が得られたのである。その終焉までは、不動産の資産価値は絶大であった。

　土地本位制度とも言われた不動産の価値信仰が崩れるのは、90年代以降である。87年をピークとして不動産は値崩れを起こした。金融緩和で、高くなりすぎたのである。輸出を引っ張った円も高くなり、輸入が増加して貿易収支が悪化し、川下産業から痛手を被り、経済は縮小した。

　高値づかみで得た不動産の価格が下落に転じ、マンションを売っても住宅

ローンの足が出る状態となった。こうなると一気に市場も冷める。これ以降、失われた20年とともに、不動産価格は下落に転じる。バブルという実のない価格上昇の調整期である。

2 │ 地価上昇とマンション建替え

　図表1-3は、供給の限られた土地に対する需要の動向と価格変化である。

　横軸に土地の供給量、縦軸に地価を置いている。「限られた土地の供給」点で供給曲線が垂直になるのは、そのような有用な土地が限られていることを示している。この時点で、地価は需要の上下に従って急激に上下する。

　郊外には未開発の土地がある。これには使用価値がなく価格がつかない。人が集まって住む社会的な集積効果の大きい土地ほど、需要は高く価値は上がる。そのような土地の供給量は、絶対的に限られている。

　図表1-3の右に下がる線2本は、二人の買い手の需要曲線である。

　たとえば銀座の土地は、中心に近づくほど供給は（非弾力的になり）限られてくる。すると、中心地の価格は、上の線の需要者が提示する価格となる。

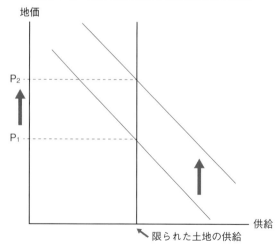

図表1-3　限られた土地の受給と地価の関係

下の線の需要者の提示する低い価格ではこの土地は得られない。最高価格を提示した需要者が、その土地のもっとも高い社会的な効率的使用を提示しているのである。つまり、供給の限られた土地は、需要者の提示価格で決まる。

3 │ 不動産鑑定評価の方法

　不動産の価格は、オークション価格である。土地建物の市場価格は、「どれだけの人がどれほどのお金を出してその不動産を競うのか」のせり市価格である。この価格はまた、実際取引が完了しなければわからない。それでは、市場に出ていない不動産の価値はどのように推定されるだろうか。

　不動産の鑑定評価方式には、①原価方式、②比較方式、③収益方式の三つがある。

　原価方式とは、個別の開発費用積上げ方式である。山林に道路を設置して地をならし、下水設備を整え、人が住むのに必要な公的施設（小中学校・公園など）を整え、宅地として使えるまでの費用を積み上げて、かたちづくる市場価格である。

　マンション建替えの場合は、地価に老朽化マンションの除却費用、建替事業（建築から事業運営にかかるすべての費用）を加えて割り出される価格であろう。

　比較方式とは、近隣や類似不動産の取引（賃貸）価格から推測する方法である。近隣の同じ傾向の不動産の市場取引価格から、対象マンションの特殊性を勘案して加えたり減らしたりし推定される価格である。近隣でなくても地域特性や顧客傾向の似た不動産から、対象の特殊性に応じた調整から推定することも可能である。

　収益方式とは、主に投資に用いられる方式で、対象不動産がもたらすであろう収益を分析し、その総額の現在価格を割り出し、投資効率から不動産価格を推定する方式である。たとえば、年100万円の収益をもたらす物件で、収益率が5％であるとすれば、（利子率を別とすれば）2,000万円まで投資で

きるので、これを不動産価格とする推定方式である。複雑になるが、利子率を使い、将来価値の合計を利子率で割った総額を現在価値として、資本の投資効率に反映する方法もある。

4 | 地価と建替え

　そもそも高層集合住宅は、土地の有効利用から生じた住居である。マンションは、地価の高いところに建築される建物である。したがって、地価の上昇時には、建替えが進む傾向がある。マンションの将来価格が上がるから、建築費をかけても割に合うということで建替えが進むのである。賃貸のオフィスビルなども新しく建て替えれば賃料上昇が期待できるので、採算が合うからである。マンションでも、建替えは建物の更新であり、価値が上がるので、協力事業者も参入に積極的になる。住民も建替え後の将来価格の期待から、人心は積極的になり、建替えが進む傾向になる。

　これまで地価上昇は、必ずしもマンションの建替えを促進しないといわれていた。その主な要因は、マンションの建築急増の時期が主に70年前後であったこと。したがって地価上昇が激しかったバブル末期90年前後には、まだ老朽化が追いついていなかったのである。それ以降も最近まで、実例や経験が乏しく、新たな建替えに踏み切れなかった例は多い。

　金王町住宅の例では、バブル期も住民の希望をまとめ切れなかった。表参道ヒルズとなったかつての同潤会青山アパートなどは、40年に及ぶ検討期が続いた[13]。

　平成13（2001）年に「不動産投資信託及び不動産投資法人に関する規則」（投資信託協会）が制定され、流入する資金増から投資物件を中心に建替えが進んだが、マンションの実例はまだ少ない。経済的利益以外、住民の個々の意向が強く反映されるからである。

第 1 章　マンション建替えの経済理論と円滑化法

5　地価の指標

(1) 市場取引の実勢価格

　実際に取引された不動産の価格。国土交通省が公表している「不動産取引価格情報」には、不動産の取引当事者を対象に実施したアンケート調査の結果などをもとに、全国の不動産の取引価格がリストアップされている。まったく同一の不動産は存在しないので、特定不動産の価格は近隣傍地ないし類似不動産の取引価格から実勢価格を推定する。

　次に、一般でも使える行政の公開情報や、特定の土地価格情報がある。

(2) 国土交通省の公示地価・都道府県地価調査による基準地価

　国土交通省が発表する公示地価や都道府県の調査による基準地価がある。これらは不動産取引の価格目安や、公共収用される土地の価格目安に使われる。実勢価格の 90％程度の価格とされている。

図表 1-4　不動産取引価格情報

図表1-5　国や市区町村等が発表する土地価格

公示地価・基準地価	路線価（相続税路線価）	固定資産税評価額
国土交通省・都道府県	国税庁	市区町村
標準地を定め、毎年3月に公表。一般の不動産取引価格目安や、公共収用される土地の目安となる価格。	相続税や贈与税の計算の際に利用する価格。	固定資産税や都市計画税の計算の際に利用される価格。
実勢価格の90％目安	実勢価格の70～80％、公示地価の80％目安	実勢価格の60～70％、公示地価の70％目安

※いずれの数値もネット上でアクセスし、容易に閲覧できる。

(3) 国税庁の路線価（相続税路線価）

　国税庁の発表する土地価格。公道に沿って目安となる価格と底地・借地権割合を示している。これは相続や贈与の税計算に用いられる。実勢価格の70～80％程度の価格である。

(4) 地区町村の固定資産税評価額

　市区町村の制定する土地価格。固定資産税や都市計画税の計算に利用される。実勢価格の60～70％、公示地価の70％程度の価格である。

6 立地条件

　「都心回帰」が言われるように、現在東京など都市圏で建築される住宅の7割はマンションである。低金利や住宅優遇税制などで資産インフレが緩く進んでいる現状は、マンション業者にとっても追い風の感がある。

　マンション業者の事業計画は、まず地域周辺のマンションの実勢価格を調べる。そのうえで、敷地の用途地域や容積率を調べ、建築可能な規模を確認する。そして、敷地の入手価格に建築費を加え、販売等の営業費用を加えた原価に、投資に見合う最低利益「粗利」を加えてマンションの「価格」を割

り出す。費用をこのように積み上げる方式を「原価積上げ方式」という。こうして得た価格で周辺の実勢価格に対抗できれば、事業に乗り出す。

積上げ費用のうち、建築費や販売・営業費は事前の見積りでほぼ固定的である。粗利は一般に原価の2割5分である。すると、マンションの市場競争力は土地の仕入れ価格にかかることになる。

マンション用の土地の価値は、立地と容積率によって決まる。立地条件とは、第一に「駅からの距離」である。最も価値の高いのは、駅から5分以内である。駅周辺は商業施設が多くマンション用地は極めて限られている。しかし、駅直近のマンション需要は、独身者用1DKないし1LDKを中心にきわめて高い。

次の目安は駅から10分以内である。都内の典型的住宅地、世田谷区の統計では、マンションの供給は年間9,000戸余り。価格帯は家族用20坪の面積で6,000万円前後が中心である。つまり、坪単価は約300万円である（以上は平均値）。

7 建替えの利益試算

容積率に関しては「一種100万円」という不動産業界の隠語があり、容積率100％増ごとに100万円の価値増があるとされる。マンション業者は容積率700％の敷地なら、坪単価700万円の取得費がかけられるのである。

都内世田谷区の駅から10分程度の家族用のマンションを想定すれば、その床1坪の敷地原価は100万円と考えてよい。

マンションの躯体建築費は坪単価で80～100万円。内装を含めると、100～120万円である。これに販売経費が坪当たり30万円。これだけで130～150万円である。これに容積率100％増として上乗せ分の100万円を加えると、坪当たりの原価は230～250万円となる。これに25％の粗利（販売経費と重複あり）を加えると、290～310万円となる。

老朽化マンションの建替えによる価値増は、このうちの建築費用100～

120万円の実費支出で時価300万円の新マンションを獲得することである。床の原価100万円分を差し引いても、80万円以上の価値増となる。還元床が10坪であれば、建築費1,000～1,200万円の支出で、800万円の価値増殖となる。投資効率7～8割のリターンである。預金の利子がほぼゼロの現在にあっては、驚異的リターンである。何よりも、真新しい最新マンションに住めることが、人生極上の効用ではないだろうか。

8 敷地の評価と還元率

マンションの価値は、敷地利用権と部屋の利用価値である。一歩進めて、具体的に老朽化したマンションが持つ価値について考えてみよう。

マンションの価値は、①建物の専有部分と②共有部分の権利、③敷地利用権の合計価格である。①と②は区分所有建物の価格であり、③は土地の共有分の価値である。

老朽化すれば、建物価値は下がる。もはや住めなくなれば、実勢価格は③の土地の共有分の時価から建物の除却（解体）費用を差し引いた値である。解体費用は大体の相場価格がある。鉄筋コンクリート建物の解体費用は大体坪当たり5万円である。とすれば、老朽化マンションの乗った土地価格は、近隣相場の坪単価から解体費用5万円かける階数を引いた価格である。つまり、坪単価800万円の土地に10階建ての老朽化マンションが乗っているとすれば、坪単価は750万円と評価できる。

個別の部屋の価値は、土地の共有分の価値に、部屋の広さかける解体費用5万円を引いた額である。たとえば坪800万円の敷地の共有分2坪の権利に、10坪の部屋を持っているとすれば、1,600万円から解体費用5万円かける10坪の50万円を引いた1,550万円となる。

老朽マンションの価値は、基本的に③の敷地共有割合の価値で決まるのである。人気のあるロケーションは、建物が老朽化しても価値は高く、逆も然りである。したがって、地価の高い地域のほうが、建替え費用に比して価値

増が見込めるので有利である。

9 建替えと容積率

　地価と建替えには、容積率も深くかかわる。

　都市計画法のもとで、地域に用途地域の指定があり、土地の上にどれほどの面積の建物が建てられるかの「容積率」が指定されている。同じ100坪の土地でも、容積率300％なら、300坪の床面積の建物（4〜6階建て）が建てられるが、容積率800％であれば800坪までの建物（10階建て以上）が建てられる。業者間で容積率100％が100万円に等しいといわれるゆえんである。

　老朽マンションの価値はしたがって、容積充足率もかかわってくる。

　容積充足率とは、法定容積率に対して現存建物がどの程度容積を満たしているか、の比率である。

$$容積充足率 = \frac{現存建物の容積}{容積率最大値の容積}$$

　容積率に余裕があれば、再建マンションは大きくなり、業者が資金を回収する保留床が大きく取れるので、住民への還元床面積が大きくなり、建替えの価値が高くなる。一方、容積充足率に余裕がなかったり、建築基準法の改正で逆に容積がオーバーしている場合（既存不適格建築物という）、現存規模の建物はもう建てられない。以前より小さい建物を、解体費用と建築費用を出して建て替えることになるのである。還元床も小さくなり、建替えの効用は下がる。

　1戸当たりの還元床の還元率は次の計算式をもとに計算される。

$$還元床の還元率 = \frac{再建マンションに与えられる面積}{旧マンションの床面積}$$

　金王町住宅の場合、法定容積率は最大800％であった。容積対象面積を容積率770％に抑えたところ、床面積は1.4倍に増えた。そこから、地主の取り分と協力事業者の保留床（建築費用に充てられる）を引いて残った床面積

を組合員で分けると、平均で5.62坪となった。旧建物の平均床面積は10坪であったので、平均還元率は56.2%である。

13　同潤会青山アパートは、建替え問題が40年間検討され、最後は森ビルトラストが過半数の権利を集めて建替えを実現したのである。

第3節　建替えの合意

1 | 法定の合意とその形成

　建替え活動の最大の課題は、住民が一丸となれるかどうかの「建替え合意」である。

　日本での建替えの実例は多くない。社会的経験の蓄積はまだ浅い。地震国日本での建物の寿命が短いとわかっていても、一人ひとりがどのように判断すればよいかの材料は多くない。

　建替えの判断は、住民一人ひとりが「老朽化と陳腐化」を認識し、生活感情や人生設計も含めてどう考えるかどうかにかかっている。誰しも年齢が高くなるに従って、波風波乱を好まなくなる。人生設計には、資金問題も絡んでくる。普段から、自分はローンを組めるかどうかなどと考えている人はまずいない。それでも建替えには巨額の費用が待っているのである。

　同潤会青山アパートでは、建替えの合意形成に40年かかっている。いずれの例でも、早くて10年はかかっている。この間、住民は建物の老朽化・陳腐化に耐えつつ、協力申し出（デベロッパーやゼネコン、コンサルタント会社や不動産会社の地上げなど）に接して少しずつ学び、変わっていく。

　金王町住宅の場合も、最後の合意に助走期間5年ほどかけている。管理組合活動の難しさは結局人間関係に行きつく。息の合う人と折り合いの悪い人がいれば、当然に派閥ができる。各派閥がいったん拮抗すると、とん挫することになる。仲良しクラブ的な組合だと、逆に互いに遠慮しすぎて意志決定

第1章 マンション建替えの経済理論と円滑化法

はやはり遅くなる。合意形成の最も大きな障害は、個別の住民の事情がすべて異なることである。

決断に際して、住民はほぼ4つのカテゴリーに分かれる。

① 積極的賛成派
② 成り行き注目派
③ 強力な反対派
④ 無反応派

賛成派と反対派の対立の中で、成り行き注目派と無反応派は多勢の行方を見ている。一方で賛成派は積極的反対派の切り崩しにかかっている。

区分所有法によれば、建替え決議は1棟の権利者の5分の4以上の賛成を基準としている[14]。団地型の複数棟の場合、同じ敷地内の別の棟の4分の3以上の建替承認決議を必要とする[15]。複数棟が一括建替えの場合は、各棟の3分の2以上、団地全体の5分の4以上の賛成を必要としている[16]。

これら「過半数を大きく超える決議事項」は、特別決議として区分所有法に定められている。

団塊世代の成長が郊外の集合住宅団地を促進したように、現在も、老朽化したマンションに住んでいる人には、団塊周辺の世代が多い。70歳に達するこの世代の人が安定を望めば、建替えはとん挫する。が、団塊の世代は常に社会を揺り動かしてきた歴史的経緯がある。昔と違ってまだまだ体力に余

図表1-6　建替えと特別決議

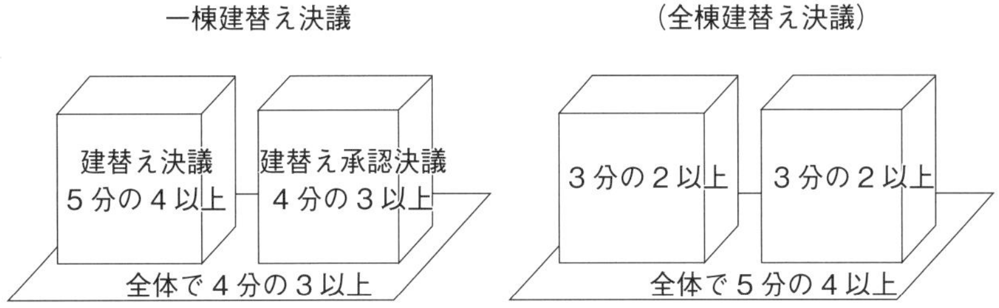

一棟建替え決議

建替え決議　5分の4以上
建替え承認決議　4分の3以上
全体で4分の3以上

（全棟建替え決議）

3分の2以上　3分の2以上
全体で5分の4以上

裕のあるこの世代が主となって建替えの推進力になることが期待される。

2 | 不可能性の定理

　建替え決議には、一棟の建物に限っていえば住民の5分の4以上の合意が必要である。

　しかし、生活形態や生涯設計が分かれると、これは用意ではない。

　民主主義政治は、基本的に多数決によって決まる。したがって、権利を持つ住民がそれぞれ異なる選択を主張すると、全員が満足する結果がかなえられることはない。これはノーベル経済学賞学者ケネス・アロー「不可能性の定理」で証明されている。

　次の表にあるように、3人が三つの選択肢、建替え、敷地売却、安定にそれぞれに異なる順位をつけると、多数決が取れる選択肢はない。また、いずれの選択に決まっても、満足するのは1人で、他の2人には不満が残る。これが民主主義多数決の「不可能性の定理」である。仮に、そこに4人目が登場して、いずれかに投票すると、その選択が「多数の選択」となる。4人目はキーパーソンとなるのである。

　仮に3人が300人に増えても、同じ分布で分裂していれば、事態は変わらない。このような分裂気味なケースでは、キーパーソンの選択で選択肢は決まり、残りの大多数の人に不満が残ることが多い。要は住民の一人ひとりが積極的に建替えにかかわっていくことである。少しでも賛同できる案に近づくことで、全体計画がより理想的な計画に近づく。

図表1-7　不可能性の定理

	Aの投票	Bの投票	Cの投票
1位	建替え	敷地売却	このまま安定
2位	このまま安定	建替え	敷地売却
3位	敷地売却	このまま安定	建替え

実例で説明するが、リーダーシップのあるキーパーソン役の小集団（必ずしも大集団である必要はない）は、建替えの要となる存在である。住民の希望をくみ上げ、足らざるを補うグループの存在が、建替えの運命を左右するキーパーソンとなるのである。

3 資金手当て

建替えに踏み切る最大の障害は資金問題であろう。安定を望む人の根底に、資金不安があることが少なくない。

建物が老朽化し住みづらいといっても、建替えには少なくとも移転・仮住居の費用が必要である。建築に２年は要するので、金額も侮れない（125ページの図表3-3を参照）。ときにはローン残高が残っていたり、ローンが組めない場合もある。

今は、建替えに対しても住宅金融支援機構や民間金融制度がある。また、親子リレーローンやリバースモーゲージローン制度もある。親子リレーローンは相続を組み入れたローンであり、リバースモーゲージローンは、自宅を担保に老後資金を調達し、相続時にその不動産を処分してローンを返済する制度である。

法人化された管理組合であれば、全体として協力事業者に資金手当先を頼る手法が一般的である。

また、行政の用意する資金支援制度がある場合がある。耐震性能を向上させる耐震構造支援や、自然エネルギー活用の環境整備を目的とした支援制度のある地域行政もある。

容積率に余裕があるときは、敷地の一部売却によって資金を確保することも可能であるし、完成建物の一部引渡しと引き換えに融資してもらう契約もある。その意味では、容積率の活用できる戸数増が望ましい。総合設計制度や敷地併合による拡大的建替えで容積率の余裕を持たせて、余剰床を市場で販売して資金を獲得する手法もある[17]。たとえばアトラス六本木の建替えで

は、従前の近隣3棟のマンションが合同して、広い敷地で大きな容積率を確保して建替え、余剰床を販売して資金確保している。

また新円滑化法では、地方行政の容積率緩和制度も取り入れられた。

4 │ 建替えのブレーク・イーブン（損益分岐）ポイントと老朽化

建替えの対案は大規模修繕である。いずれを取るかは、費用対効果（コスト・ベネフィット）分析で判断する。

まず、近隣同種か同傾向用途の中古マンション価格を調べ比較して、自己のマンションの適正な中古価格を推定する。そして、大規模修繕の費用をかけて近隣同種か同傾向用途の中古マンションの価値以上に上がるかどうかを検討する。

古い自己マンションでも、手入れが行き届けば、大規模修繕で何とか性能回復できる。しかし、経年変化は必然的に劣化を招き、外観上はともかく、内部水回りやコンクリートの酸化など多大な費用をかけても、再修理期間が短くなることは避けられなくなる。いずれ大規模修繕でも、近隣マンションや同傾向市場の相場に追いつかなくなる。何よりも住みづらくなる陳腐化はなはだしいそのときが、建替えのブレーク・イーブン（損益分岐）点である。

それでは、老朽化はどのように判断するのであろうか。

マンション業者やデベロッパーの視点では、まず物理的老朽化を判断する。

構造体が、昭和56（1981）年の新耐震基準以前の設計か否かが問題となる。旧耐震基準では、震度4程度でも構造体破壊の危険がある。新耐震基準では震度6でも「人命にかかわる破壊は起こらない」とされている。

次に、建物構造体の物理的老朽化、劣化の状況を調べる。たとえば外観上の壁のひび割れ、タイルの浮きや剥離、コンクリートの強度や屋上防水シートの劣化、鉄筋や鉄製品のさびや老化など。水回りは配管内写真をつかって調べる。さらに、マンション機能の老朽化、社会的劣化・陳腐化を調べる。高度成長期やそれ以前に作られた集合住宅は従前の日本住宅の生活に合わせ

て作られているので、現代人の生活に適合しない不便がある。ロビーや廊下、階段が狭い、トイレが和式、風呂がない、遮音性や断熱性が悪い、天井が低く住戸面積が小さい、電気容量が小さく、エレベーターが旧式、段差が多いなど、現在のスタンダードから見て立ち遅れた構造のものが多い。これらはすべて建物価値の相対的劣化の原因である。また、古い建物を適正に維持するための、特殊建築物の定期調査（建築基準法12条1項）が守られていたかどうかも、目安となる[18]。

これら問題の修理改善費用と期間から、大規模修繕か建替えかを判断する。条件が悪くなればなるほど大規模修繕の耐用期間が短くなり、出費はかさむので、建替えの選択が有利となる。

5 │ オーナーズバイアス

一方、居住者は往々にして「ゆで蛙」状態となる。

人は所有物には、知らず知らずのうちに強い執着を持つようになる。他人からすれば何の価値もないものでも、高い評価を与えがちである。これをオーナーズバイアスという。老朽化マンションでも、居住者は生活者として馴れ親しんでいる。客観的な評価は難しい。

少しずつ不便を感じても、大規模修繕に数百万円かかると聞くと、躊躇したり必要性を感じないということが多い。劣化・老朽化は進んでいるといっても、自分の生活や専有部分にかかわりないと、ひっ迫状況を感じないことが多い。「ゆで蛙」状態である。そのうえ高齢化したり代替わりしたりしていると、なおさら動きが鈍くなる。そこで、客観的な判断と、事態の共通認識が必要となる。

まず、個別の不満と問題点を持ち寄って、老朽化の客観的状況を把握する。住戸内の床の軋みや傾斜、建具や設備の使用感、個別メンテナンスの状況など、気がつかなかった問題点も、指摘されるとわかるはずである。新しいところを知らずに、古臭いとか使いにくいとか感じなかったことも認識される

はずであろう。専門家に依頼して物理的老朽化や、修繕見積りなどの数値を得ると、一層わかりやすくなる。こうして「状況の勉強会」を重ね、やがて大規模修繕の効果や、建替えの効用について「研究会」を重ねる。これを有志で始めるのもよいが、いずれ管理組合に提言したりと、検討のメインストリーム組織が必要となる。

　建替え活動が射程にはいると、建築業者やデベロッパー、コンサルタントや行政などに正式に打診や判断を依頼することができるようになる。そのようにして建物診断や、建替えによるリニューアルが具体的イメージとして認識されると、住民それぞれに建て替えたときのイメージが膨らんでくるはずである。

　マンションは朽ち果てると、敷地の価値マイナス建物除却（解体）費に限りなく近づく。一方、解体費建築費が相当額になるとしても、それだけの費用をかければ市販の新築マンションの価値を回復する。これは、修理では得られない要求水準を実現する。住戸自ら建て替えれば、マンション業者の販売営業経費や粗利（両方合わせれば市価の３割程度）を節約して、市販マンション価値を獲得できるのである。効用極大化は建替えいかんにかかっている。

6 ブレーク・スルー（突破点）

　マンション建替えは、人生設計の見直しであり、共同体活動の再構築・活性化でもある。

　人生は時とともに変化する。働き盛り期とそれ以後は生活スタイルも変わる。しかし、建替え・住み替えは、体力と気力、覚悟を要する仕事である。マンションの建替えは、さらに隣り組との共同体活動の再構築と活性化という要素が加わる。

　資金力は具体的な数値なのでわかりやすいが、精神面の気力と覚悟は人それぞれ千差万別である。本人の年齢や、仕事を含めた人生の見通し、夫婦や

家族との関係など、多様である。

　人間も建物とともに年をとる。古くても慣れ親しんだわが家なら、何を今さら老体に鞭打って建て替えるのか。自分だけのことなら、このまま終わらせたいと考える人は多い。同世代の住民が集まる集合住宅やマンションでは、いっせいに老化すれば、みな似た考えに落ち着くことが多い。それでも、建物は日々年々朽ち果てていく。住民は「ゆで蛙」同様、気がつかずにスラム化に甘んじるのである。

　老朽化と、ライフスタイルの進化による陳腐化。建替えの動機はこれにかかる。

　建物の状況を正確に把握してもらい、老朽化・陳腐化の認識を共有することが最も大切である。それには共同体の再構築・活性化が必要である。古いマンションには、ときに古い共同体がある。いわばマンションの隣り組仲間たちである。活動歴が古く活発であれば、コミューンは強固であり、仲間意識も強く、建替えの合意に結束する確率は高く、建替えに進むのも早い。

　だが、居心地も良い反面、このような組織は互いに遠慮して強く主張できないことも多い。反対に、遠慮の裏返しの強い同調で定かな検討もせずに建替えに走るのも危険極まりない。

　都会的なマンション共同体は自由な個人主義者の集まりという、往々にして沈滞気味な様相を呈する。

　いずれの場合も、建替えが必要であれば、一気呵成に共同体の活動として展開する必要がある。縦型コミューン共同体活動として再構築・活性化する必要がある。ブレーク・スルーに向けた強力な活動が必要なのである。

　図表1-8は、建替えの検討から始まって、建替え決議、建築を経て事業完了までのフローを示している。前半の準備期間は、下積みともいえる地道な議論に多大な時間を要する。

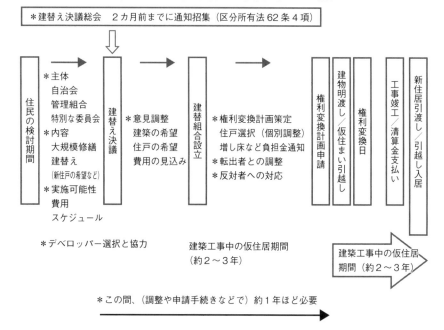

図表1-8　建替え検討から事業完了までの流れ

7 | グループ集積力

　平成26年改正円滑化法は、マンションの建替えをについて、「お上が率先して関与する」ことを可能とした。耐震性に問題があったり、老朽化して危険な建物を「除却（解体）」建物に指定し建替えを促進しようという改正が盛り込まれている[19]。

　現実の不動産市場では、危険ながけの淵に「土砂災害危険個所」など行政の指定があっても、土地の売買はあり、家屋など建築物も建てられる。つまり、リスクはベネフィット（この場合は価格の恩恵であろう）との兼ね合い問題となる。

　行政の危険「除却」マンション指定があっても、財産権が保証されている

第1章　マンション建替えの経済理論と円滑化法

限り、住民が自らの意志で動くことを待つしかない。マンションの多い都会ではしかし、町内会活動は軒並み沈滞気味である。いずこも「管理組合役員の成り手がない」というのが一番の悩みである。

マンションの建替えは、建物を運命共同体とした隣り組の活動である。誰かがなんとかしなければ、囚人のディレンマに陥り、全員が廃墟のスラムに住み続けることになるのである。日本人は極めて集団的凝集的な文化を持つ人種でもある。戦争中の隣り組組織の活動は、国を挙げての強制力をもって人々に防火訓練や戦争協力に加わらせていた。新円滑化法は、そんな集団社会ならではの効力を持つと考えられる。どこかに「建替え参加のほうが得」というターニングポイントを設けなければならない。これを推進するのが、建替えのコアとなるキーパーソン集団のグループ集積力である。このグループが中心となって、住民を動かすことが期待される。

14　区分所有法第62条（建替え決議）第1項　集会においては、区分所有者及び議決権の各5分の4以上の多数で、建物を取り壊し、かつ、当該建物の敷地若しくはその一部の土地又は当該建物の敷地の全部若しくは一部を含む土地に新たに建物を建築する旨の決議（以下「建替え決議」という。）をすることができる。

15　同法第68条（規約の設定の特例）第1項　次の物につき第66条において準用する第30条第1項の規約を定めるには、第1号に掲げる土地又は附属施設にあつては当該土地の全部又は附属施設の全部につきそれぞれ共有者の4分の3以上でその持分の4分の3以上を有するものの同意、第2号に掲げる建物にあつてはその全部につきそれぞれ第34条の規定による集会における区分所有者及び議決権の各4分の3以上の多数による決議があることを要する。
　　一　一団地内の土地又は附属施設（これらに関する権利を含む。）が当該団地内の一部の建物の所有者（専有部分のある建物にあつては、区分所有者）の共有に属する場合における当該土地又は附属施設（専有部分のある建物以外の建物の所有者のみの共有に属するものを除く。）
　　二　当該団地内の専有部分のある建物

16　同法第70条（団地内の建物の一括建替え決議）第1項　団地内建物の全部が専有部分のある建物であり、かつ、当該団地内建物の敷地（略）が当該団地内建物の区分所有者の共有に属する場合において、当該団地内建物について第68条第1項（第1号を除く。）の規定により第66条において準用する第30条第1項の規約が定められているときは、第62条第1項の規定にかかわらず、当該団地内建物の敷地の共有者である当該団地内建物の区分所有者で構成される

61

第65条に規定する団体又は団地管理組合法人の集会において、当該団地内建物の区分所有者及び議決権の各5分の4以上の多数で、当該団地内建物につき一括して、その全部を取り壊し、かつ、当該団地内建物の敷地（略）若しくはその一部の土地又は当該団地内建物の敷地の全部若しくは一部を含む土地（略）に新たに建物を建築する旨の決議（以下この条において「一括建替え決議」という。）をすることができる。ただし、当該集会において、当該各団地内建物ごとに、それぞれその区分所有者の3分の2以上の者であつて第38条に規定する議決権の合計の3分の2以上の議決権を有するものがその一括建替え決議に賛成した場合でなければならない。
17　総合設計制度とは敷地内に一定の公開空地を確保することにより、容積率や高さ制限、斜線規制などを緩和する建築基準法上の制度である。法改正により商業圏300㎡以上、そのほか500㎡以上、ただし第1種・第2種低層住居専用地域は1,000㎡以上の規模が求められる。
18　建築基準法第12条（報告、検査等）第1項　第6条（筆者注：建築物の建築等に関する申請及び確認）第1項第1号に掲げる建築物そのほか政令で定める建築物（略）で特定行政庁が指定するものの所有者（略）は、当該建築物の敷地、構造及び建築設備について、国土交通省令で定めるところにより、定期に、一級建築士若しくは二級建築士又は国土交通大臣が定める資格を有する者にその状況の調査（略）をさせて、その結果を特定行政庁に報告しなければならない。
19　平成26年改正円滑化法第3章「除却する必要のあるマンションに係る特別の措置」

第4節　建替えの組織形態

1　建替事業の形態と組織化

　金王町住宅で90年頃にあったビルの1棟売りの話は、買取り業者が個人として単独で建て替えようとした手法である。これは「個人施行事業としての建替え」のケースである。資金を潤沢に調達できる個人なり法人で、建築に手慣れていれば、単独での建替えは可能である。
　ほかに、自治会や管理組合が主体となる「自主再建」のケースもある。事業の主体となる住民組織が、開発業者なりゼネコンなりを雇う形式である。その場合、この組織が資金を調達することになる。組織が建築に詳しければ、進められるが、多くの場合は建替えに手慣れたコンサルタント会社を雇うこ

第1章 マンション建替えの経済理論と円滑化法

とになる。その場合も、コンサルタント会社の助言の採否には、それなりの知識か組織の力量が必要になる。

　資金調達は、資産価値のあるロケーションで容積充足率が低いほうが良いが、そうでなくてもしっかりした建替え組織があれば、金融機関も積極的に融資に臨む。

　円滑化法などが主に規定しているのは、建替組合と協力事業者が組む「参加組合員」方式である。これは、協力事業者が参加組合員として①出資し、②法的な手続を指導し、③完成後の再建マンションの一部を「保留床」として販売して出資金を回収する制度である。協力事業者の選定に十分な注意を払い、誠意ある業者を選定することが、建替え成否の鍵となる。

　住民組織にとっては生涯に一度きりの建替えであるにもかかわらず、ノウハウを知る業者が主導的役割を果たすので、組織の意志決定には十分な知識と慎重さが求められる。

　住民が意志決定権を持つ建替えでは、次のように組織化する。第一に、①主体的なしっかりとした組織が必要である。一般に自治会や管理組合が法に

図表1-9　建替事業の組織

住民組織	自治会、管理組合、有志集会など	住民組織は知識、経験、組織力を培わなければならない。
協力事業者	デベロッパー、ゼネコン、公社など	建替え建築には手慣れたデベロッパーの存在が欠かせない。誠意を持って対応する業者を選定する必要がある。
コンサルタント	建替えや再開発コンサルタント	案の詳細な数値や合法性、スケジュールなどを担当、建替え事例が増えるに従って経験を積んだコンサルタントが増えている。
会計事務所	経理会計会社	一貫性を持った経理会計事務を任せる客観的な会計担当が必要である。
法律顧問	弁護士や司法書士事務所	業者、組合、組合員、反対者間の法的処理の相談を担当する。

沿って建替組合に移行するケースが多い。②協力事業者。これは民間のデベロッパー（開発会社）やゼネコン（総合建築会社）、あるいは第三セクター（や公社）である。③コンサルタント。これは民間の建築顧問会社で、円滑化法や建築会計に詳しい会社である。他には必要に応じて、④顧問会計事務所。自治組織の会計処理を担当し、会合（総会）に提示する報告を作成する会社である。⑤法律顧問。建替えや建築に詳しい弁護士や司法書士組織で、デベロッパーや建築会社、コンサルタント会社との法的処理の監視、相談を請け負う。

2 建替え決議の要件

大規模修繕検討の収束から建替えに移行するには、いったん「建替え推進」や「建替え準備」決議をして事態を収めるのが有効である。管理組合か建替え積極派の集会がその役割を担当する。

区分所有法第1章には、第4節「管理者」と第5節「規約及び集会」に関する規定がある。これは、それまで野放しになっていた建物管理のための住民集団、具体的には「管理組合」について定めている。さらに第6節には「管理組合法人」の規定もある。

第1章第8節61条には「復旧および建替え」が規定されている。

この部分は、平成9（1997）年の阪神淡路大震災で破損倒壊したマンションの再建活動の経験と、この頃急激に増加した自然老朽化した団地やマンションに合わせて作られた条文である。

同法62条1項は、「集会においては、区分所有者及び議決権の各5分の4以上の多数で、建物を取り壊し、かつ、当該建物の敷地若しくはその一部の土地又は当該建物の敷地の全部若しくは一部を含む土地に新たに建物を建築する旨の決議（以下「建替え決議」という。）をすることができる。」とある。同法は決定主体を「管理者が招集する集会」としているが、一般には管理組合を想定するのが現実的である[20]。建替えの方針決定は、建替え決議である。

これは特別決議として、区分所有法にて「集会において区分所有者および議決権の5分の4以上の多数で」で決定できるとされている。

3 | 建替え決議への流れ

建物老朽化が住民に認識されて以降の流れを図示すると、次のようになる。

一般に、建替えか大規模修繕かの「揺らぎ期」が最も長い。早いところでもまとまるまでには10年はかかるといわれる。

老朽化の実態が住民に共有され、こころの準備が完了した頃から、共同して少しずつ決意を固めていく運動が必要となる。建替えの決定以前の「推進」決議は無駄なようだが、穏やかな進捗の確実な一歩となる。議論やアンケートを重ねて共有できる未来像を描き、協力事業者を選別し、設計を繰り返して合意を形成する。

この段階の設計は基本設計といい、クライアントの要望に応えたざっくりとした設計である。協力事業者はざっくりとした見積りを作成し提起する。権利者はこれを参考に資金準備や要望を出す。微調整しながらこれを1〜2年かけ、権利者の希望と将来像が定まっていく。この段階ではやがて建替組

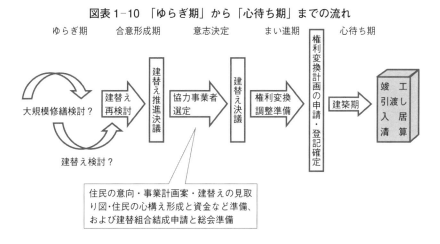

図表1-10 「ゆらぎ期」から「心待ち期」までの流れ

合の理事となるコアとなる集団が形成されて、権利変換計画の素案を作る。

総意が固まったところで、建替え決議総会を開催、建替組合結成決議をし、組合の公益法人の申請をする。2カ月ほどで組合の認可が下り、すぐに権利変換計画を申請する。権利変換計画も約2カ月かかるが、修正などを経て認可が下りると、その5営業日後が「権利返還日」となる。この日をもって旧権利関係は新たな権利にとって代わられる。これらいずれの段階でも、いったん対立が起きると長引く傾向があるので、慎重に事を運ぶ必要がある。

4 │ 建替えの建築費

ここでは、マンション建替えにかかる建築費について説明するが、住戸の個別費用については、第3章（111ページ以下）で詳しく説明する。

建物の質、公共空間の広さと建物の豪華さはマンションの価値決定の要素であるが、建築費は敷地の市場価値と建築容積に左右される。

マンションの場合、最も重要な要素はロケーションである。利便性の良い位置にあるマンションは、敷地権が高額で、したがって建物に多くの費用をかけても引き合いはある。逆にあまり利便性の良くない地域の場合、建物に費用をかけすぎると、オーバープライスになるおそれがある。つまり、敷地の価値に対応して、建築費用のかけ具合は定まる。

建替えの最も重要な要素は容積率である。より大きい面積が得られるかどうかによって、建替えの負担が変わるからである。容積率によって、建てられる階数が決まる。容積率は都市計画の用途地域によって定められている。一般的に土地の接する道路が広くなれば、容積率も上がる。一方、住宅地の場合や景観協定など都市条例がある場合は、容積率が小さくなったり、条例で容積率が十分使えないこともある。

ときには用途地域の変更で容積率が変わることもある。法定基準を超えた建物は「既存不適格建築物」とされ、再建築時には小さい建物しか建てられない。

マンション建替えの場合、従前面積より小さくしか建てられないと、還元床が少なくなる。したがって費用に比して、相対的に利益は小さくなる。一方、容積率に余裕があると、より大きい部屋が還元床として戻る。大きい部屋に住めるようになったり、あるいは余った面積分の部屋を売り出して換金することもできる。

同潤会青山アパートは、表参道という人気のロケーションであるうえ、広い敷地の容積率を活かして建て替えたので還元床が大きくなり、住民には部屋が大きくなったばかりか、市場に供するほどに大きく還元床が戻った稀なケースである。

敷地売却でも、ロケーションの利便性と容積率の大きさで売却価格が決まるのは当然である。

5 │ 建替えスキームの源流「権利変換計画」

マンションの建替えとは、住宅を共有する運命共同体の住民運動である。住宅に関して運命を共有する以上、住宅老朽化とスラム化は、全住民でこれを解決しなければならない。円滑化法は、その解決法を市街地の計画的な再開発について定めた都市再開発法に照らして規定している。

昔の街道筋の宿場町は、幅1〜2間（1.8〜3.6メートル）の道を挟んで建物が軒を連ねていた。中心部では「幅1間の公道」も珍しくなかった。庶民が馬さえも禁じられていた時代は、それでも足りたのである。建物も低く、土地利用は非効率的である。戦後に駅前や川端などのやみ市から始まった街並みも、同様に都市の景観を損ね、土地を効率的に使えず、交通の便も悪いケースである。

この問題を解決しようとしたのが「都市再開発法」である。行政や第三セクターが主となって都市のデザインをし、低く散らばった建物を、権利者と調整していったん動いてもらい、高層建築と空間のある価値の高い都市を建設して戻ってもらう方式である。

元の土地の権利（所有権と賃貸借の権利がある）と、再開発された都市で受け取る権利の交換を「権利変換計画」という。ときに追加費用の徴収や交付金還付も加わって新しい権利を定めて交換する。行政機関などが仲立ちになって、法律に従って契約（権利変換計画）を認可し登記を含めて、その監督の下で一気に権利を新しいものに書き換える。

　調整は1軒1軒あたって立てるのであるから、数十年かかることはまれではない。その間、経済情勢や個人の事情も大きく変わる。その変化に対応して慎重に個別権利の準備調整を進め、いったん権利変換の計画が成立したら、ある1日を「権利変換日」として、参加者全員が古い権利から新しい権利に移る。

　都市再開発の例では、この日を挟んで権利者たちはときに古い建物や仮の建物で営業したり、あるいは完成した新しい建物に仮住まいしたりと、それぞれ異なる形態の「移行期」を過ごす。

　権利変換計画の、古い不動産の価値に等しい権利の新しい不動産との交換を「等価交換」手法という。

　　20　区分所有法の建替え決議は「集会」によってなされると規定され、必ずしも管理組合などの総会に限らない。

第5節　等価交換法と建替え需要

1　還元床面積の決定

　円滑化法の権利変換計画は、一括変換方式である。等価交換部分と増し床など買い増し部分とが一括して変換される契約である。

　等価交換の還元床計算の前提条件は、次のとおりである。

　円滑化法の建替え規定は、権利者が敷地利用権を提供し、施行再建マンション（新マンション）を建築して、分け合う事業である。その際に、新マン

第1章 マンション建替えの経済理論と円滑化法

ションの予想価額を見積もる必要がある。これを施行再建マンションの価額の「概算額」(以下「再建マンションの概算額」という)という。

再建マンションの概算額は、数年後の建物の予想価格である。当然にこの間の市況変動に影響される。したがって、予想の当否は重大問題である。

次の図は、金王町住宅の建替計画事業案(平成15(2003)年10月31日、㈱新日鉄都市開発)に提供された説明用の図を、再構成したものである。

中央の建物を仮に再建マンションの概算額を表すとすれば、この大きさから協力事業者の建築費用等(保留床相当額)を差し引いた額に等しい下の図の左の建物部分が組合員の還元床に当たる[22]。

これを方程式風に記すと次のようになる。

図表1-11　新マンションの予想販売価格(施行再建マンションの概算額)

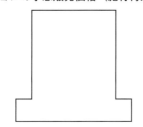

図表1-12　再建建物と協力事業者の利益の概算額(予想価格による算定)

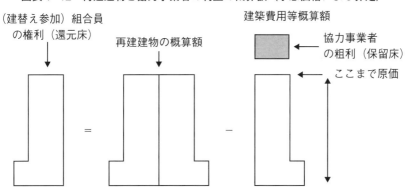

| 組合員の還元床＝再建建物の概算額－建築費用等概算額 | 式1 |

　再建マンションはこのように、建築費用相当の保留床を差し引き、権利者への還元床と協力事業者の保留床に分けられる。

　再建マンションの概算額が「未来価格」であるために、還元床も未来価格に頼った物で、建替え決議時点では正確な数値ではない。業者はリスク込みで保守的に見積もるので、概算額は低めとなる。したがって、還元床は、リスク込みの未来価格を反映して、小さめになりがちなのである。従来は保留床が高く売れると、利益は業者が全額回収するのが常だった。金王町住宅では画期的な「シェア・コントラクト」で、利益を回収したのである。この手法については、第4章で詳述する。

2 ｜ 等価交換法

　等価交換法とは、旧来の雑然とした市街地にある古い非効率的な土地建物の価値を定めて、新しく設計された美しい効率的な市街地の「等しい額の権利」と交換する方法である。

　マンション建替えの場合、建物の解体費用を引いた「敷地利用権（土地の部分所有や共有、借地権なども含む）」の価値と、新しい建物の等価部分（現在の法律では、マンションの敷地は「敷地利用権」として登記され、土地を分けて所有することはできない）と交換することとなる。

　つまり、旧建物の所有者が敷地利用権を提供し、参加組合員を加えて建物を建築し、建築費用に相当する建物（敷地利用権を含む）を保留床として差し引いた後、残りの建物（敷地利用権含む）の等価部分を取得する方法である。図表1-13の左にある、住民が持っていた古いマンションの建物（左側の点線で囲んだ部分）を解体して、上に開発業者が再建マンションを建てる。

　敷地権を持つ権利者の権利を、右建物図のとする。

　協力事業者は新マンションから自ら投資した建築費用分を保留床（図表1

−14 の右側）として確保し、残りを還元床として権利者に還元（図表 1-14 の左側）する。

権利者たちは土地の権利と新しい建物の還元床を受け取り、分け合うのである。つまり、上の図表 1-13 の土地の権利部分░░░░░にあたる部分を、図表 1-14 の建物（敷地利用権を含む░░░░░部分）と交換することになる。これが「等価交換法」である。

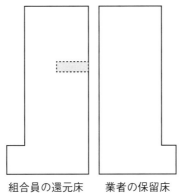

図表 1-13　等価交換（土地と建物の交換）

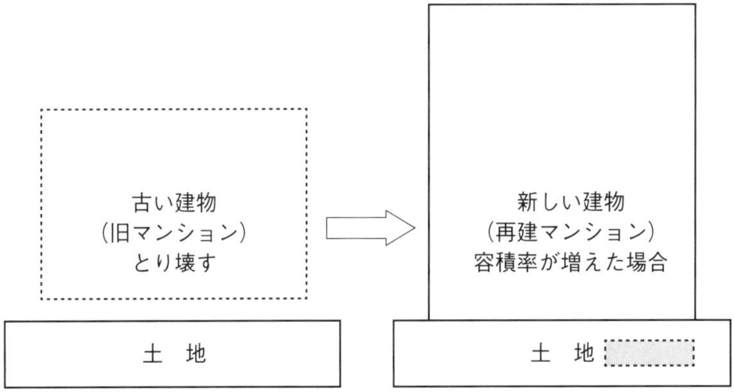

図表 1-14　等価交換（業者の保留床と還元床）

3 │ 還元床面積と価値の増加

　建替え合意に向けては、極力住民の要望を反映するよう何度も調整を重ねたうえで具体的な建築案にしなければならない。

　平成17（2005）年5月に竣工した同潤会江戸川アパート建替えのケースでは、建替えの機運が何度か上がり、平成14（2002）年3月、建替え決議に至るも、後の協力事業者の選択で一時とん挫することがあった。その原因は、新マンションの設計が合意を得られなかったためである。住民の建替え意志を探る段階でまず案が示され、あらかじめ合意するほうが、その後の進行がスムーズにいくようである。

　建築設計は、還元床面積を踏まえて、費用制約のもとで利便性と快適さ、生活需要が見合う設計をしなければならない。

　図表1-15は、個別住戸の需要と、等価交換の還元床の関係から、個別住戸の需要を満足させる（つまり建替えのふん切りをつける）均衡上の領域を示している（この例では、従前と従後ともに建物の容積率は変わらず、かつ100％使われていると想定している）。

　旧老朽化マンションの面積を右側の垂直線の位置とし、単価を縦軸のP_1とする。旧老朽化マンションの価値は、「旧マンションの面積×旧マンションの単価P_1」である。建て替えた再建マンションの価値は「再建マンションの面積×再建マンションの単価P_2」である。再建マンションの面積が旧老朽化マンションより小さいのは、再建マンションの還元床が小さくなったケースだからである。再建マンションの単価P_2が旧老朽化マンションの単価P_1より高いのは、建替えによる価値の増加のためである。

　したがって、図の需要曲線のee'線の上部の三角形の部分が、建替えが受け入れられる領域である。これは、「狭くなっても価値が充分に増加」していれば受け入れられることを示している。

第1章　マンション建替えの経済理論と円滑化法

図表1-15　建替え計画の「満足」の領域

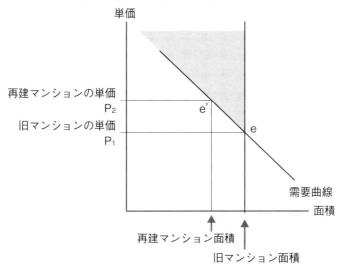

4 建替え案による再建マンションの面積と意志決定

増し床と余剰床について説明すると、図表1-16のようになる。

従前面積と同面積を確保するには、図のAの部分の金額相当の面積を買い増さなければならない。これを「増し床」という。需要曲線①が、買い増し分だけ新しいマンションに対する需要曲線②にシフトしたのである。

需要曲線②のもとで、より大きな還元床が戻った場合はどうだろうか。還元床が再建マンション面積②に広がるとすると、Bの金額にあたる面積を市場に売り出すことも可能である。実際には、協力事業者に買い取ってもらい現金で返してもらうことになる。協力事業者が買い取った面積を市場に販売するのである。

5 転出者と建替え不賛成者

図表1-17では、権利者は建替えに不賛成と、権利変換計画に不賛成、変

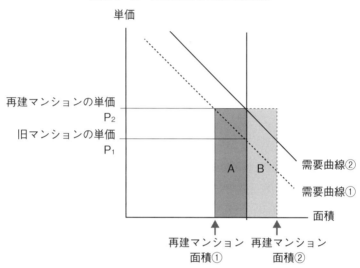

図表1-16　還元床と増し床と余剰床

換を望まない者（転出者）の3者に分けて、それぞれの選択肢のフローを表わした[23]。権利変換計画の不賛成者と転出者は、建替え決議に賛成していれば建替えは進められる。真ん中のグループ「権利変換計画に不賛成」であっても、区分所有権法下の建替え決議に賛成していることが望ましい。円滑化法は56条1項で施行の認可の公告があった日から30日以内に「権利の変換を希望せず、自己の有する区分所有権又は敷地利用権に代えて金銭の給付を希望する旨を申し出ることができる」と規定している。右端のグループはこの集団である。

それでも建替え自体に不賛成の左端の不賛成者グループは2割以下でなければならない。

こうして再建マンションの新戸希望調整が終わると、権利変換計画で各戸別にこれを契約する。円滑化法は、57条以下67条まで細かく「権利変換計画」を規定している。契約書は同法58条の規定に従って「58条書面」として作成される（96ページ参照）。そこには還元床が価額で示され、「追加で

第1章 マンション建替えの経済理論と円滑化法

図表1-17 建替事業不参加者・転出者の手続の流れ

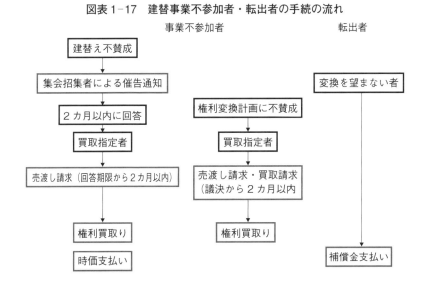

いくら払うか、あるいはいくら払戻しがあるか」の見積り金額（清算予定金）が網羅される。追加支払いと払戻しが「見積り金額」であるのは、建物完成後の市場価格で価額が決まるからである。

6 アンケート・インタビューと住戸選定

協力事業者と計画を念入りに練り上げ、これを権利者が持ち帰って住戸選択の要素を理解してもらえるような根回し作業を根気よく繰り返し続ける。同時に、権利者の意向に合わせた設計の微調整も続ける。そうすることによって、建替え集団と権利者の結束が醸成していく。その作業のひとつが「住戸選択アンケート」とインタビューである。

新マンションのフロアプランは、権利者とのそのような話し合いを経て確定される。多くの権利者が納得した頃から、住戸選択のアンケートを取る必要がある。選択が重なったときには、重複などを調整し、不足する増し床など、条件をつけて制限する。終盤では、インタビューで資金手当ての説明を

受ける必要もある。協力事業者はまた、資金を貸し付ける金融機関をも紹介する。

7 │ 需要と供給による説明

協力事業者の保守的見積りによる保留床価格は、販売時にはそれ以上の価格で市場に出ることになる。また、需要ひっ迫で販売時には予想外に高い価格での引き合いがあることもある。図表1-18は、保留床が予定外の余剰利益を生む場合の説明である。

協力事業者は、権利変換計画で得た保留床面積（垂直線）の建築費用に、予定粗利を加えたP_1価格で市場に売り出し、「予定粗利」面積分を確保する目論見で、建替えに加わっている。

実需逼迫もしくはマンションバブルが起きると、下の需要曲線①から、上の需要曲線②に移動する（つまり売買価格が上がる）。価格はP_2となり、図の網かけ面積分の予定外利益を生む。これは建替え「事業」の余剰利益である。経済学では賃料と同じ「レント」という用語で表わされる。

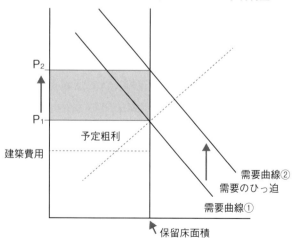

図表1-18 完成建物の需要ひっ迫による余剰利益

第1章　マンション建替えの経済理論と円滑化法

　円滑化法の権利変換計画では、保留床を確保した協力事業者が余剰を全額取得することになる。また、保留床の予想価格を低く見積もる傾向があるので、余剰利益が生じる可能性も大きい。しかし、建替えを権利者（組合員）と協力事業者の「共同事業」とするなら、この余剰利益も株主配当同様、権利者（組合員）に還元されなければならない。

　金王町住宅建替えでは、「シェア・コントラクト」で余剰利益が一部組合員にも戻るよう業者と掛け合い、成功した。その実際については162ページ以降で説明する。

8 │ 地上権マンションの計画組み込み

　敷地利用権は、地上権でも法的に認められている。しかし、期限の迫った地上権では、敷地利用権の価値はないに等しい。借地権は強く保護されているとはいえ、地震などで被災した場合、建て替えても権利を長期的には維持できない[24]。したがって、現在では底地を買い取る建替えが多い。

　金王町住宅は、建替組合が底地を取得し、完成後の建物を同価値分引き渡す手法で、租税特別措置法を利用して法定権利変換計画を成功させた最初の例である。その手法については156ページ以下を参照してほしい。

21　ただし、円滑化法は次のように再建マンションの価額を規定している。
　　第63条（施行再建マンションの区分所有権の価額等の概算額の算定基準）　権利変換計画においては、第58条第1項第4号又は第9号の概算額は、国土交通省令で定めるところにより、マンション建替事業に要する費用及び前条に規定する30日の期間を経過した日における近傍類似の土地又は近傍同種の建築物に関する同種の権利の取引価格等を考慮して定める相当の価額を基準として定めなければならない。
22　図は「建物と敷地利用権」のイメージを表したもの、下部左右の出っ張りは「再建建物の敷地利用権」を表したもので、面積割合に影響を与えるものではない。
23　円滑化法第56条（権利変換を希望しない旨の申出等）には、「（略）施行の認可の公告があったときは、施行マンションの区分所有権又は敷地利用権を有する者は、その公告があった日から起算して30日以内に、施行者に対し、第70条第1項及び第71条第2項の規定による権利の変換を希望せず、自己の有する区分所有権又は敷地利用権に代えて金銭の給付を希望する旨を申し出ることができる。」とある。
24　旧「罹災都市法」に代わって平成25（2013）年に「被災借地借家法」が制定さ

れ、復興促進のために借地借家の優先的な権利が制限されるようになった。被災建物が取り壊された場合には、権利は失われるとされている。

第6節　総会、契約と権利変換手続

1 | 建替組合の法人化

　区分所有法では、建替え決議は権利者の「集会」決議でも法的効力を持つ。
　しかし、組合での建替えには「組合」の法人化が有用である。組合法人なら、行政の監督監視の伴う透明性の高い組織となるからである。こうして、金王町住宅マンション建替組合は公益法人を申請するのである。
　管理組合の法人化には、組合内の合意と対外的な契約が必要となる。

2 | 組合内部での合意と諸契約

●組合設立同意書

　建替え決議を経て、建替え案が具体化すると、住戸それぞれ予算を鑑みて新マンションの部屋に目星をつける。組合はこの間、住戸間の選定重複や、増し床要望などを調整し、納得がいったところで各戸から「組合設立同意書（実印・印鑑証明付き）」を回収する。

図表1-19　建替えをめぐる諸契約

	建替組合	協力事業者
建替組合	組合の定款（組合員総意）	基本契約書
		業務委託契約書
権利者（個別に）	組合設立同意書	
	権利変換計画書と権利変換同意書	
	マンション建替事業に関する覚書	

●組合の定款

　法人化にはまず定款を用意する必要がある。現在では、都道府県にひな型が用意されている。定款は設立総会で承認され、組合設立申請書とともに市区町村を通して都道府県に申請される。定款のもとには、会計規定（貸借対照表・収支計算書科目）、監査要綱なども備えられる。

●権利返還計画（58条書面）と権利返還計画同意書

　再建マンションのフロア設計、階層・部屋別の効用格差（81ページ参照）と価格に従って各戸の新戸選択と調整が続き、落ち着いた頃に組合と事務担当の協力事業者は各戸が選択した新住戸との権利変換計画書（96ページ参照）を作成して送付、同時に内容を同じくした権利変換計画同意書（実印捺印）を回収する。これは従前の住戸と引き換えに選択した新マンションの特定された住戸の価額と差額が記載され、増し床負担金（清算予定金）が記された契約書である。

　組合設立同意書と権利変換計画書、権利変換同意書はともに「権利変換計画申請書」に綴じられ、監督官庁に提出される。

●マンション建替事業に関する覚書

　金王町住宅の場合、開発業者も参加する組合が主体となって土地を入手し、建設会社に依頼して建替えをし、組合員に引き渡すため、増し床負担金もいったん組合に集められ、参加組合員負担金とともに建設会社へ支払われる。したがって、別個各戸と組合との間にその金額と支払い時期、払込み口座や清算の方法、建築のスケジュールがまとめられた契約をする。この覚書がその役割を果たすのである。

3 ｜ 組合と対外部組織との契約

●協力事業者を参加組合員とする基本契約

　管理組合が公益法人格を得ると、法人として建替事業の「参加組合員」と基本契約書を結ぶ。これは円滑化法17条に定められ、組合が選定した参加

組合員としての契約である。内容は組合と参加組合員は建替事業において一致協力すること。参加組合員の保留床規定や、負担金の出資、登記の内容と手順、そして、負担金額と支払い時期が明記され、総会承認を経る。

●業務委託契約書

参加組合員は、マンション建替えに出資者として参加し、出資に対応する利益を確保する。保留床の市場価格は、一般に建築の原価に対して、25％増しに設定している。協力事業者は、事業の事務、記録、計画、設計、建築、進行などもろもろの仕事を引き受ける。建築費に乗せる25％の粗利はこれらの報酬を含めた事業者の粗利である。業務委託契約書は、建替組合がこれら実務を担わせるための契約である。

4｜組合設立準備と設立総会へ

建替組合の設立は、まず管理組合理事が発起人となって組合設立提案を行い、組合員に諮る。その際に、組合設立同意書は、組合設立総会における議決承認書面として、事前に集められた。この後に、組合役員選出の選挙会が行われる。金王町住宅では、住戸から3名の選挙委員を選出して、選挙管理規定と候補推薦規定を定めて、候補者申し出を待って、2週間後に信任が確定し、総会承認を決議した。

図表1-20 建替え初期の推進決議から組合の権利変換計画への流れ

第1章　マンション建替えの経済理論と円滑化法

総会設立前後には重要な課題が多い。

これをざっと羅列すると次のとおりである。

- 新マンションの概要と図面、部屋の配置計画

これは各住戸の選択に必要となる。

- 各部屋の階層別、方位別、景観を含めた効用格差

選択にあたって新マンション各部屋の価額を示す表である。効用格差とは、たとえば窓の「高速道路かぶり」は－4％、方位：北向きは－1％、階ごとの格差は0.5％、展望可能性：（15階以上）＋3％などである。

5 ｜ 総会とその重要性

　区分所有法が規定する管理組合総会は、恒例の管理事項と予算・決算のための総会であるが、建替えの方針が決まると、重要事項の決定はすべて総会決議となる。管理組合総会も、一回一回が建替え賛同者を増やすための重要な活動となる。開発委員会や建替え準備委員会の意見を伝えたり、住民の意見を反映したり、はたまたアンケート調査や建替え推進決議などを通して一歩一歩建替えに近づくのである。

　円滑化法には、建替組合の総会について厳格な規定がある。総会通知の期日、内容、出欠通知や委任状、書面決議などの形式にも一定の枠がある。

- 決議事項と承認の規定

　議決権5分の4の賛成を要する重要な建替え決議総会の招集は、「集会の会日より少なくとも2月前」に発しなければならない（区分所有法62条4項）。

　建替組合設立総会では、賛同者の4分の3以上（団地型の一括建替えの場合は各棟の3分の2以上）の同意を得る必要がある（円滑化法9条4項）。

　総会における普通決議事項は、過半数（権利者数もしくは専有面積比）をもって決定するが、特別決議事項には5分の4（建替え決議など）と4分の3（解散決議など）がある。また、代理権限についても、議長は決定権以外

の権限はなく、組合員は4人以上の委任代理を引き受けられない、などの規定がある。

重要な総会と決議を列記すれば次のとおりである。

(1) **管理組合関連の総会**
　●建替え推進決議

管理組合から建替組合へと引き継がれるきっかけとなる総会である。金王町住宅の場合、管理組合と並行して開発委員会を建替え準備委員会に発展させ、建替え決議の説明会を行った。

　●建替え決議総会

管理組合の建替決議総会は、開発委員会を建替準備委員会や説明会を経て充分に機が熟したところで結成する必要がある。

　●管理組合解散総会

これは次に述べる建替組合結成後に行われることが望ましい。管理組合の保有する管理費や修繕積立金の処理にもかかわるからである。ときにこれら資金を建替組合に引き渡すこともある。

図表1-21　権利変換手続の流れ

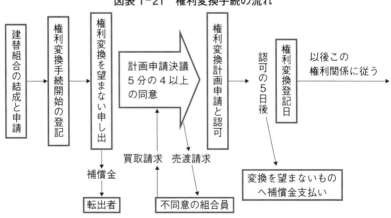

(2) 建替組合関連の総会
　●建替組合設立総会
　建替組合設立発起人の呼びかけで開催される総会である。建替組合設立総会は参加組合員選択・承認と同時に行う方が現実的である。
　●組合役員選出総会
　建替組合には理事と監事が必要である。組合認可後、30日以内に役員選挙。権利変換手続開始後はこれを取りまとめて権利変換計画総会を準備する。
　●権利変換計画承認総会
　調整の終わった権利関係（新住戸選定や従前資産価値、再建マンション価額とその差額）を網羅した58条書面作成および個別住戸との契約の上、建替えの権利関係を網羅して承認を受ける総会である。この後に監督官庁（市区町村を経て都道府県）へ申請される。認可に約2カ月。認可日の5日後が権利変換日となる。
　●定例総会
　円滑化法28条1項の規定によれば、毎年少なくとも1回は開催されなければなならない。審議内容は前年度決算と新年度予算が中心である。他に新年度の年次計画や、総会承認の必要な変更（予算変更や役員変更など）である。
　●臨時総会
　定例総会時以外に発生した重要事項（建築に伴う計画変更や予算の変更など）を適時審理する。
　●解散総会
　建替えの最終年度定例総会後に、事業総期間を通じての決算報告審議承認および残存計画と清算人選出、清算計画の審議承認総会である。一般に理事が清算人を継承して、清算用予算を残す。清算の目的は残務整理と残りの債権債務の処理である。

●清算総会

残務整理と債権債務の処理が終了したら、これを組合員に報告して、清算人活動の終了を審議承認し、組合を消滅させる。

第7節　新円滑化法の概要

1　円滑化法改正の経緯

　安倍政権のもと、老朽化マンション対策会議（20ページ参照）は提言を発表し、「多数決による区分所有関係解消制度の創設」を中心とする法改正を進めた。議決権割合の3分の2以上の賛成での解消決議を提言しており、民法の特別法である区分所有法ではなく、円滑化法の行政処分でできるよう求めている。行政処分とすることで、「6カ月」の出訴期間が生じ決議安定性が増大するメリットがあり、訴訟となった場合も「違法性の存否」のみが争点となるため、客観性が増すといった効用がある。

　区分所有関係の解消は、区分所有者の金銭負担や協力事業者がいない問題などで建替えが進まない場合、有効な手段とされている。従来の法律だと、区分所有している権利を処分するにも管理組合や共有者の許諾の必要があったが、区分所有権の解消ができれば、これは必要なくなる。つまり、転出費用や販売価格にこだわらない人から、部分的に退出できるようになるのである。さらに、老朽化建物の場合、解体後の土地売却資金を見込んで多様な選択が可能となる。これはまた、ごね得を封じる手立てでもある。

　安倍政権の経済振興策の一端として、規制改革会議がまとめた答申の最終案には建物の用途変更等、既存建物の有効活用のアイディアが盛り込まれている。こうして、平成26（2014）年12月、旧円滑化法が改正され、新円滑化法が施行された。

2 │ 要除却マンションの認定

　名称は旧「建替えの円滑化等」が新「建替え等の円滑化」と微細な変化であるが、法律の内容は大幅に改正されている。

　新法では、「危険又は有害な状況にあるマンションの建替えの促進のための特別の措置（第5章）」の旧法102条以下124条までが削除され、代わって「除却（解体・撤去のこと）する必要のあるマンションに係る特別の措置（第3章）」の102条以下163条までの条文が新設された。

　新設されたのは、老朽化した耐震性能不足マンションの要除却認定制度である。新法では建築基準法に規定する特定行政庁（都道府県知事ないし建築主事を置く市町村長）が要除却マンションを認定することができ、都道府県知事は必要な指導、助言ができるようになった。要除却マンションを建て替える場合には、容積率増加の特例制度も設けられている。

3 │ 新法の要点

　建替えは、家を建て替えるという不馴れな仕事に立ち向かう住民と、協力事業者やコンサルタント、行政といった知識経験の豊富な専門家や組織に囲まれた仕事である。そこに絶対的な情報の片務性の問題がある。また、住民にとっても、「家を建てる」こと「住まいを換える」ことの選択肢が余裕を持って残されているほうが望ましい。平成26年の円滑化法改正は、その意味で重要である。新法では、建て替えるときの再建マンションの設計、費用に合意が得られないとき、あるいは、別に家を建てたり住まいを換えたりする住民の可能性を残して、建物を捨てて土地を売る選択肢を与えている。

4 │ 敷地売却と敷地売却組合

　建替えが難しいときには、マンション敷地売却決議等によって住民（住戸もしくは権利）の8割の同意があれば、建替えを考えずに敷地を売って全員

が退去することが可能になった。さらに、建替えのときと同様、敷地売却に関しても公益法人の敷地売却組合を設立し、税法上の特典を受けることが可能となった。組合活動は建替えのときと同様、法の監視のもとに事業を進めて分配金の配分から受け取り、売却マンションの明渡しまでを監督する制度となっている[25]。

敷地の売却は、建替事業にいくつかの可能性を与える。敷地を買った新所有者にも新たな選択肢がある。建築まで従来どおり住民を住まわせ、賃料を回収したり、直ちに立ち退かせて新建物を建築することも可能である。その場合も残る住民と契約のうえ、建替えに参加させる選択肢もある。すなわち、等価交換方式で建替え参加、あるいは建替えマンションを優先販売、あるいは賃貸で住まわせるなど、選択肢が増えたのである。

新法では、敷地「買受け」側にも規定があり、透明性は高くなっている。

これまでは、補償額が常に問題となったが、法改正により、住民の8割が同意すれば反対者住民のごね得が防げる制度になった。たとえば、敷地売却代金の分配は、総会の合意に従って配分されるからである。ごねたところで、専有面積比率に従った分配金で片づけられてしまうことになる。

5 │ 容積率緩和の要請

新法の施行にあたっては、建替えの促進を促す行政への要請もある。すなわち「特定行政庁の許可により容積率を緩和する制度」である。

マンションの建替えが進まない理由のひとつは、費用の問題である。たとえ建て直さざるを得ないとしても、住民全戸が同様に費用負担に耐えられるケースは少ない。このことが建替えの大きな阻害要因になっている。

また、建築基準法の改正等によって、建て替えた場合、従前面積が回復できないケースも多い。その場合、建替え費用を拠出しても以前よりも小さい部屋に戻ることになる。建替えに反対が起きるゆえんである。一方、建て替えた再建マンションが広くなれば、同じ費用で新しい広い部屋に入ることが

でき、建替えのインセンティブとなる。

　さらに重要なことは、協力事業者と共同で建て替える場合、業者は費用を拠出して、保留床でそれを回収することになる。容積率が小さいと、建築費が回収できる可能性が狭まり、建替えの阻害要因となる。逆に、十分な容積率から業者の保留床が十分に取れれば、採算に合うので建替えが進む因子となる。

　容積率の緩和は、地域との調整が必要であるが、今後の政策運営のカギとなる。東京都などは、容積率の上限を総合設計（公開空地を設ける例）と同等に扱う考えがあるようである。

6 │「時価」というハードル

　円滑化法には、売渡し請求という強い条項がある。すなわち、建替え決議後は建替え反対者に対し「売渡し請求」をかけて、所有権を建替え賛成側に移転する権限である。この条項の弱点は、売渡しの補償額を「時価」と定めていることである。明渡しの争いは時価をめぐって起き、結局裁判にかかり時間を取られることが多かった。法改正では、敷地利用権の売却後、収益を「分配」できることになった。つまり、これによって時価額の争いではなく、「分配が適正か」で争われることになる。時価といった不透明な価額ではなく、全体のパイの大きさを権利者の持分で割ればよい価額になったのである。

7 │ 税制優遇措置

　土地は、人間の生産物ではない。太古の昔より「存在」していた資源である。人はこれを囲い込んで、「所有」と主張している。その「所有」概念は、「社会」がこれを認めて初めて成り立つのである。社会承認によって成り立つように、土地の権利とは優れて「社会的」産物である。

　事実、土地は人間社会を離れては、人の役に立たない。人間が社会を離れては役に立たないのと同様である。タクラマカン砂漠やアマゾンの森林にあ

る人里はなれた土地は、私たちの生活には縁もゆかりも、しいては価値もないように、人も同じく砂漠や森林で孤立し存在しても、意義はまったくない。つまり、土地が社会的産物であるがゆえに、その所有とは、社会的に認められた「権益」であり、そのために土地に関する規制も多いのである。それには税制や、規制（都市計画法や用途地域、建築基準法、地区や地域の条例）、社会慣習などさまざまなものがある。

　土地関連の税制には、固定資産税、都市計画税、土地保有税、登録免許税、不動産取得税、さらに相続税なども関わっている。円滑化法による組合活動には、法的には公益法人の適用を受けて、税制上も優遇される制度がある。さらに、建替えの場合は登録免許税や不動産取得税においても、優遇的措置が受けられるようになった。

8 ｜ 新法による建替え問題の新たな解決

　建替えが進まない理由の一つは、建替え合意の難しさにある。すでに述べたように主要因は、①経済的要因（資金準備）と、②建替えに対する期待と需要の多様性である。それでも建築物の老朽化は容赦なく進む。平成26（2014）年の改正では、新たな手法で建て替えられる道が開かれた。老朽化マンションをいったん更地にして、多様な手法で建て替える道である。これが「要除却認定マンション」認定と、「敷地売却組合」方式である。旧法にあった「第5章　危険又は有害な状況にあるマンションの建替えの促進のための特別の措置」は、実際には発動されたことのない条項であった。新法では、多数合意によってマンションの土地だけを売却する制度ができた。法人組合の結成や、買受人についても規定があり、要除却マンションの区分所有を透明性をもって解除して売る制度である。マンション全体の意思に縛られず、老朽化した建物も含めて敷地を売ることができる。権利を個別に売る場合に比べて、一体として売るので当然市場価値も高くなる。土地の買受け人が積極的に再建計画（同一のマンションでなくても良い）を立てれば、6割

の賛成でも自動的に建替えとなる制度である。

　新法は建替えの場合と同じく、敷地売却を事業として「敷地売却組合」を規定し、組合員の売買代金も「分配金」制度と規定している。この制度では、いったん土地の売却が決まると、住民はその補償として、売却金が分配される。一方、新しい建物に再度居住（あるいは営業・賃貸）する住民は、そのように計画に参加し建替えを承認する。反対者および退去者は、あらかじめ作られた分配金の分配制度に従って、金銭補償を受け取るのである。

　旧法との違いは、従来、売渡し請求は「時価」による補償金であったが、全住民が受け取る（合理的な）分配金以外のプレミアムがなくなったことである。これによって「時価」のあいまいさ（もしくはごね得の可能性）も排除された。

　新法は、老朽化マンション住民に積極的な建替えのインセンティブを強く備えている。用除却マンションに指定されれば、建て替えない限り敷地売却をせざるを得ない。建て替えれば、仮に還元床が減少しても、敷地売却より市場価値は確実に上がるのである。

　25　マンションの建替え等の円滑化に関する法律（最終改正：平成26年6月25日法律第80号）には次の規定がある。
　　第3章　除却する必要のあるマンションに係る特別の措置
　　　第1節　除却の必要性に係る認定等（第102条—第105条）
　　　第2節　マンション敷地売却決議等（第106条—第108条）
　　　第3節　買受人（第109条—第114条）
　　　第4節　区分所有者等の居住の安定の確保に関する国及び地方公共団体の責務（第115条）
　　第4章　マンション敷地売却事業
　　　第1節　マンション敷地売却組合
　　　　第1款　通則（第116条—第119条）
　　　　第2款　設立等（第120条—第124条）
　　　　第3款　管理（第125条—第136条）
　　　　第4款　解散（第137条・第138条）
　　　　第5款　税法上の特例（第139条）
　　　第2節　分配金取得手続等
　　　　第1款　分配金取得手続
　　　　　第1目　分配金取得手続開始の登記（第140条）

第2目　分配金取得計画（第141条―第146条）
第3目　分配金の取得等（第147条―第154条）
第4目　売却マンション等の明渡し（第155条）

第2章
協力事業者との交渉に備えて

第1節 協力事業者の計画と契約

1 | デベロッパーの計画と還元床提案の計算

　デベロッパーの選択が済むと、協力事業者として事業を開始する。円滑化法の「参加組合員」となるのである（以下「協力事業者」という）。この間、デベロッパーがどのように提案を計画するか、以下に説明をする。

　70ページの還元床面積の計算で説明したように、権利者への還元床は、再建マンション面積から建築費用を差し引いた残りの面積である。再建マンションと建築費用の「概算額」との差から、残った金額を「面積」換算すると、組合員への還元床となる。

　次ページの図表2-1の右端の項の上部に加えられた部分が協力事業者の粗利（概算額）である。

2 | 権利変換計画における増し床の粗利

　権利変換計画における「増し床」価格は次のように算定される。

　マンション建替えでは、還元床が生活面積に足りないケースが多い。それに備えて、協力事業者は保留床から増し床を権利者向けに用意・販売する。

　金王町住宅の還元床は5.62坪であった。再建マンションの部屋は7.61坪から13.69坪であった。権利者は最小の7.61坪の部屋に戻るにも、2坪弱を買い増さなければならない。協力事業者は、この内部販売の価格を市場設定

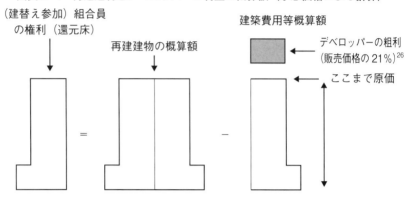

図表2-1 再建建物とデベロッパーの利益の概算額(予想価格による計算)

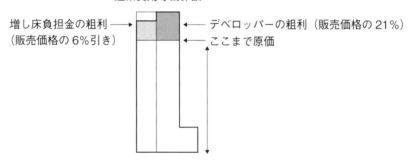

図表2-2 増し床負担金から得られる協力事業者の粗利

価格の6%引きとした。市場販売価格の約21%を占める粗利から、販売の手間と手数料を差し引いた価格である[27]。

図表2-2は、保留床の左部分を増し床として売った場合の、協力事業者の粗利を左側上部の網かけで示したものである。

権利者に増し床として売る保留床部分の粗利は約15%である。

3 │ 転出者床の寄与する粗利

建替えに際して、再建マンションに戻らない「転出者」が少なからずいる。

第2章　協力事業者との交渉に備えて

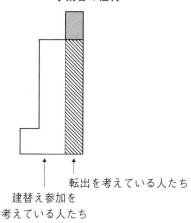

図表2-3　転出者床から得られる協力事業者の粗利

転出者が残す権利の利益は、一般に残る権利者が得ることになる。

　転出者は還元床から従前面積割合の補償金を受け取り、転出する。残る権利者は、この床面積を市場価格で売って、利益を得ることができるのである。図表2-3の還元床の右側部分、下部の斜線部分が転出者の床面積で、転出者に支払われる補償金にあたる。その上部の網かけ部分は、市場で販売したときに得られる粗利である。

　たとえば建替組合が補償金を立て替え、この床を取得して販売すれば、組合がこの利益を獲得し、組合員に還元することも考えられる。事業出資者の協力事業者が補償金を立て替えた場合、この床面積分の販売権利を得て利益を獲得する。

4 ｜ 転出者床と増し床の交換と粗利

　協力事業者の事業計画では、転出者は未定のため、この分の床面積を織り込んでいない。実際には多かれ少なかれ、再建マンションに戻らない転出者がいる。その分は、市場販売の粗利を生むのである。一般的には、建築資金

図表 2-4 転出者床と増し床の交換

を提供する協力事業者が回収する。

　増し床が15％の粗利で権利者にわたり、転出者床が協力事業者に渡り21％の粗利が回収される様子は、図表2-4に示される。

　両者の上部にあるⒶとⒷは、協力事業者が回収する。

5 │ 保留床にとどまらない協力事業者の粗利

　つまり、この場合の協力事業者は、保留床の粗利を確保（ただし増し床分は6％引き）したうえに、転出者の粗利がまるまる加わることになる。参加組合員の利益は、単純に当初予定した利益にとどまらないのである。

　これは、図表2-5で説明される。

　事業が完成すると、協力事業者は保留床（増し床売渡し後の保留床と転出者床）を換金して建築費にあてる。こうして事業者が手中にする粗利が、右端に分けて描かれた部分である。左端の全体図上部にあるⒶとⒷ、Ⓒの網かけ部分である。

　もともと予想価格から引き出された概算額はリスク込みの低めの価格である。実際に市場に販売するとき、これより高い市場価格に設定することが多

図表 2-5　転出者床と増し床、保留床から得られる協力事業者の粗利

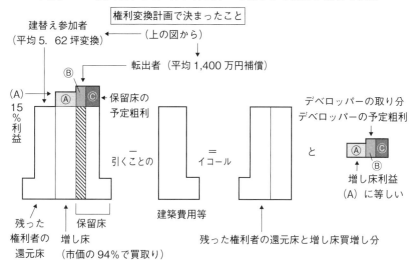

い。そのことは第4章で再度具体的に説明する（162ページ以下参照）。

6 | シェア・オプション契約

　保留床の販売価格は、リスク込みの低めの価格なので、販売時には設定価格より高く売れる可能性が極めて大きい。図表2-5では、ⒶとⒸが「予定した粗利」であるが、高く売れた場合には、このうえにさらに余剰利益が生じるのである。

　円滑化法の権利変換計画では、保留床は変換日に協力事業者の所有となり、当然に売上も協力事業者が回収し、余剰利益も協力事業者に所属することになる。所有者が余剰利益を回収するのは当然であるとの考えであるが、建替えは長期にわたる共同事業である。建物がまったく同じでも、地の利の良いマンションの価格が高くなるとすれば、余剰利益はすべて敷地利用権に帰するとの考えもある。あるいは建替えを共同事業とし、敷地利用権提供者と協力事業者が余剰を分け合う考え方もある。

金王町住宅のケースでは、シェア・コントラクトで権利者側が合計2億4千万円受け取ることに成功している。後述するが、これは、173ページの図表4-6で説明する売上余剰部分の余剰利益を、協力事業者と組合員の床面積割合で分けた金額である。

　いずれにしろ、パートナー提携から竣工引渡しまでの期間にわたる共同事業として、リスクとベネフィット両方を双方が負担し合うほうが妥当であろう。より実践的な考えと契約を第4章第2節でくわしく述べる。

7 ｜ 法規定の権利変換計画

　円滑化法は、57条から67条にかけて権利変換計画を規定している。中でも58条は、権利変換計画に含まれる内容を詳細に網羅している。公益法人組合が監督官庁に申請する権利変換計画の法定書面（58条書面）は図表2-6のとおりである。

　円滑化法58条の条文は細かいが、権利変換計画書の内容は次のとおりである。

（上　　段）施行マンションの敷地利用権　1,370万円
（下段右）施行再建マンション区分所有権 1,600万円、同敷地利用権 1,445万円[29]
（下段左）（内容：新・区分所有権＋（新・敷地利用権－旧・敷地利用権）
　　　　　＝清算金予定額）
　　　　　金額：1,603万円＋（1,445万円－1,370万円）＝1,678万円

　この書面の内容を順序どおり簡略化した数式で表わすと、次のとおりである。

> 施行再建マンションの区分所有権－施行マンションの敷地利用権
> ＋施行再建マンションの敷地利用権＝清算金予定額　　式(1)

　式(1)の施行再建マンションの価値を左に移項し、「再建マンション」とし

図表 2-6 58条書面[28]

権利変換計画書

て取りまとめると次のようになる。

> 再建マンションの区分所有権＋敷地利用権－旧・敷地利用権
> 　　　　　　　　　　　　　　　　　　　＝清算金予定額　　式(2)

　清算金予定額とは、正確には「後日改めて清算するための予定的な額」である。ありていにいえば、増し床負担金（徴収すべき清算金予定額）のことである。「増し床負担金」は、「清算金予定額」として払い込まれるのである。再建マンションの引渡し前にこれを清算し、不足の場合は徴収、余る場合は交付すべき（清算金予定）額になる。

　「清算金予定額（増し床負担金）」を清算して組合を解散すると、最後に残るのは対外債権債務であり、これを処理して組合消滅のための清算をすることになる。

　「清算金予定額」の式(2)の左辺、再建マンションの価額（再建マンションの区分所有権＋敷地利用権）は、円滑化法63条により、「建替事業の費用及び建替え公告から30日を経過した日（以下「基準日」という。）の近傍類似・近傍同種の相当の価額を基準」として定められている[30]。

　清算金予定額の清算において再建マンションの価額は、円滑化法施行令22条に「建築費用を従後面積比に応じて按分した額を償い、かつ基準日における近傍同種の取引価格等を参酌して定めた価額の「見込額を超えない範囲内の額（以下「市場見込価額」という。）」とある[31]。

　旧・敷地利用権（施行マンションの区分所有権等）の価額は、基準日における「近傍類似・近傍同種の取引価格等相当の価額」と定められている[32]。

　清算金予定額は、竣工引渡し直前に回収される。支払いが完了しなければ、再建マンションの部屋は引き渡されない。支払いのめどがあれば引き渡されることもあるが、協力事業者は担保として「先取特権」の登記を行うはずである。というのは、権利変換計画に従って工事完了届とともに所有権は自動的に権利者に登記されるので、不払い時の債権回収に備えるためである。

26　保留床の販売価格は、原価を79％とし、21％の粗利を乗せている。金王町住宅の場合、実数では建物建築等費用は約24億円、21％の予定利益は6億円超。
27　マンション不況とさらなる下落を恐れて、協力事業者は保留床販売価格を低に見積もっている。
28　円滑化法第58条　権利変換計画の内容（抜粋）
　　一　施行再建マンションの配置設計
　　二　（建替え参加者の）氏名又は名称及び住所
　　三　（建替え参加者が）施行マンションについて有する区分所有権又は敷地利用権及びその価額
　　四　施行再建マンションの区分所有権又は敷地利用権の明細及びその価額の概算額
　　五　（担保権等の登記を）有する者の氏名又は名称及び住所、権利
　　六　施行再建マンションの区分所有権又は敷地利用権の上に有することとなる権利
　　七　施行マンションについて借家権を有する者の氏名又は名称及び住所
　　八　前号に掲げる者に借家権が与えられることとなる施行再建マンションの部分
　　九　施行者が施行再建マンションの部分を賃貸する場合における標準家賃の概算額及び家賃以外の借家条件の概要
　　十　（転出者の）氏名又は名称及び住所、失われる権利又は敷地利用権並びにその価額
　　十一　隣接施行敷地の所有権又は借地権を有する者で、の氏名又は名称及び住所、その権利並びにその価額又は減価額
　　十二　組合の参加組合員（の保留床の）明細並びに参加組合員の氏名又は名称及び住所
　　十三　第四号及び前号に掲げるもののほか、施行再建マンションの区分所有権又は敷地利用権の明細、帰属及びその処分の方法
　　十四　施行マンションの敷地であった土地で施行再建マンションの敷地とならない土地（以下「保留敷地」という。）の所有権又は借地権の明細、その帰属及びその処分の方法
　　十五　補償金の支払又は清算金の徴収に係る利子又はその決定方法
　　十六　権利変換期日、施行マンションの明渡しの予定時期及び工事完了の予定時期
　　十七　その他国土交通省令で定める事項
　2　施行マンションに関する権利若しくはその敷地利用権又は隣接施行敷地の所有権若しくは借地権に関して争いがある場合において、その権利の存否又は帰属が確定しないときは、当該権利が存するものとして、又は当該権利が現在の名義人に属するものとして権利変換計画を定めなければならない。
　3　区分所有法の規定により、裁判所から建物の明渡しにつき相当の期限を許与された区分所有者がいるときは、明渡しの予定時期は、当該期限の日以降となるように定めなければならない。
29　施行マンションの敷地利用権1,370万円との差は75万円。これはほぼ旧建物の

解体費用額である。1,445万円の評価は、鑑定評価の坪 800万円より約 1 割低い。
30 円滑化法第 63 条（施行再建マンションの区分所有権の価額等の概算額の算定基準）　権利変換計画においては、第58条第1項第4号又は第9号の概算額は、国土交通省令で定めるところにより、マンション建替事業に要する費用及び前条に規定する 30 日の期間を経過した日における近傍類似の土地又は近傍同種の建築物に関する同種の権利の取引価格等を考慮して定める相当の価額を基準として定めなければならない。
31 同法施行令第 22 条（施行再建マンションの区分所有権等の価額等の確定）　法第 84 条の規定により確定する施行再建マンションの区分所有権の価額は、同条の規定により確定した費用の額を当該区分所有権に係る施行再建マンションの専有部分の床面積等に応じて国土交通省令で定めるところにより按分した額（以下この項において「費用の按分額」という。）を償い、かつ、法第 62 条に規定する 30 日の期間を経過した日（次項において「基準日」という。）における近傍同種の建築物の区分所有権の取引価格等を参酌して定めた当該区分所有権の価額の見込額（以下この項において「市場価額」という。）を超えない範囲内の額とする。この場合において、費用の按分額が市場価額を超えるときは、市場価額をもって当該区分所有権の価額とする。
32 同法第 62 条（施行マンションの区分所有権等の価額の算定基準）　第 58 条第 1 項第 3 号、第 10 号又は第 11 号の価額又は減価額は、第 56 条第 1 項又は第 5 項（同条第 6 項の規定により読み替えて適用する場合を含む。）の規定による 30 日の期間を経過した日における近傍類似の土地又は近傍同種の建築物に関する同種の権利の取引価格等を考慮して定める相当の価額とする。

第 2 節　建築とその課題

1 ｜ 建築期間中の課題

　工事は大まかに分けると、施行マンション（旧マンション）の除却（解体工事）、施行再建マンション（再建した新マンション）の建設である。再建マンションの建設も、分ければ躯体工事と内装工事がある。協力事業者は、開発業者と建設会社、ときには解体業者とに分かれる。

　工事は基本的に協力事業者が「監理（監督と管理)」するが、施主の権利者代表や組合がかかわることが多い。たとえば、権利にかかる不測の事態における決定や、建築材質・色選定などである。

　解体工事は、1 棟に 1 カ月から 3 カ月かかる。規模の大小にかかわらず、

投入する機械類の多寡によって工事期間が変わるのである。工事開始後に発見する問題が若干ある。たとえば法定廃棄物（アスベストや汚泥）や地下杭である。取扱いの最終決定は施主側にあるが、追加費用がかさむのはやむを得ない。

　建築工事期間中の仕事として、進行に合わせて設計の細部を補う決定が必要となる。建築図面はもとより大まかな躯体図面と内装設計である。躯体には、工事の進行に伴って決められる内容がある。外壁や外装も、材質から選択することもあれば、色だけを決定することもある。デザインの細部を決定するのは施主の仕事である。扉や窓のアルミ材や色、ガラスの種類と色などは、建築開始以後でも間に合うものである。いずれも施主がかかわって決められる。

　内装は、躯体よりも後に決められる内容が多い。当初の設計内容（ユニットバスやキッチン、トイレなど水回りの形式）で、予算は大方決まっているので、あとは同価格帯での変更や材質、色などを選択する。これも施主がかかわって決めることである。

　以上のようなことが工事期間中にわたって起きるので、工事期間中も定期的に協力事業者、建設会社と会合を持ち、ときには関連会社（コンサルタントや会計事務所、内装の下請け会社など）を加えた会議とすることがある。

　以上の施主決定事項は、適宜定例総会で権利者に報告される。また、予算超過などの権利者多数にかかわる事態は臨時総会を招集して報告し、提案を提起し解決を図る必要がある。

　工事終了・竣工・引渡しについては、段階を追って個別に説明するが、後半の実例編で実際の課題を網羅しているので参照いただきたい。

2　建築期間後半の課題

　工事期間の終盤には、完了に向けて準備する内容がある。

● 色選定と内装オプション

内装には「共通内装」と「戸別内装」がある。

共通内装とは、建築設計時に決められた「水回り」の詳細決定である。ユニットバスやキッチン、トイレの位置や形式である。メーカーは作り置きしているわけではないので、マンション建築の場合は事前に一括して発注する。いずれも製作・梱包、運搬して搬入するには相当の期間とコストがかかるので、周到な準備が必要であり変更は難しい。

一方、「水回り」機材も基本的部品は変えられないが、外装の色などは選択できるケースが多い。ユニットバスやキッチンも、周囲を囲むパネルの色は選択できることが多い。これらの選択は、個別の戸主が選択できるよう、あらかじめいくつかのパターンを決めて権利者と連絡しながら決定することができる。それぞれ廊下の様子や部屋の色や好みに合わせて決められるようにするためである。

また、内装設計が決まっているとしても、個別の権利者の要求に合わせて変更することも必要である。住居でなく事務所として使う場合など、大きなユニットバスよりも空間のほうが必要になるケースが多い。その場合には、権利者の注文と費用で基本パターンから変更してもらうこととなる。これらを含めて「内装オプション」という。新築マンションの場合は、権利者とメーカーを結んで、専門業者が内装オプションを受けて、注文を受け費用の清算をすることが多い。基本パターンを決めればあとは業者に任せればよい。

● 固定資産税・都市計画税と手数料他

建築期の終盤には、追加費用や立替金の清算と回収が必要になる。

建築期間中、建築にかかわる費用の追加や減免は代表や組合が立て替えたり受け取ったりする。建築終了時の清算金予定額の回収とともに、あらかじめこれら出入金を清算して、清算金予定額と相殺もしくは追加などの措置を用意する必要がある。担当会計事務所に任せる場合もあるが、会計事務所は主に総会承認にかかわる予算や決算が任務なので、個別権利者との清算は代

表や組合が代理するか、直接関係者同士が決済するかいずれかにする必要がある。

租税特別措置法の適用があれば、この段階で個別権利者のために準備しておかなければならない。固定資産税・都市計画税は本来個別権利者に直接請求・支払いに任せるべきであるが、金王町住宅の場合、底地を買い上げたため、土地の固定資産税は組合が代理して支払い、後日個別に清算した。

3 │ 竣工引渡しに向けた費用の清算

竣工引渡しが近づくと、協力事業者と建設会社の工事完了とアフターサービス契約の確認がある。新マンションを使用開始した以後に生じる瑕疵担保責任や、アフターサービス（故障個所や変更要請など）の内容を確認・契約し総会報告と承認を得るのである。

また、再建マンションの管理組合結成準備と長期修繕計画の作成が必要となる。

新管理組合は、権利者への引渡し・入居に合わせて管理開始できるよう、事前にマンションの管理会社のめどをつけて、管理規約や長期修繕計画を立てる。業者の候補が決まり長期修繕計画ができると、新マンションの管理費・修繕積立金の額が決まるのである。いずれも区分所有法に規定されている一般的な管理・修繕である。

建築工事の代金は一般に、工事開始時、中間検査時、そして竣工引渡し時に分けて支払われる。参加組合員方式の場合は、協力事業者が立て替え3回に分けて支払うようになる。一般的には各回3分の1程度の金額である。

円滑化法84条は、工事が完了時には事業に要した費用の額を確定するとともに、新マンションの価額を決定し、権利者個別に通知することを規定している[33]。工事完了に向けて、権利者に個別の住戸の確定額を通知し、清算金予定額（増し床負担金の残額）を回収する。これは工事完了の3～4カ月前に個別請求して、2カ月前までに回収する。

ほぼ同時に、協力事業者は建設会社の工事代金の請求を受け取る。組合は回収した清算金予定額（増し床負担金の残額）と併せて最後の工事代金支払いが待っている。増し床負担金のうち、協力事業者の利益分は協力事業者へ支払い、残りは協力事業者から受け取る工事代金を建設会社へ支払うのである（実際には相殺によって差額清算をする）。

これを終えるといよいよ、建物の引渡し、個別住戸の引渡しである。

4 ｜ 竣工、内覧会、引渡し

竣工直前に「内覧会」が用意されることが多い。

内覧会には、業者のための内覧会と、権利者のための内覧会がある。

業者のための内覧会は協力事業者が建設会社とともに行う。不動産業者を招いて販売準備をするためであるが、関連業者（下請けも含む）を招いて出

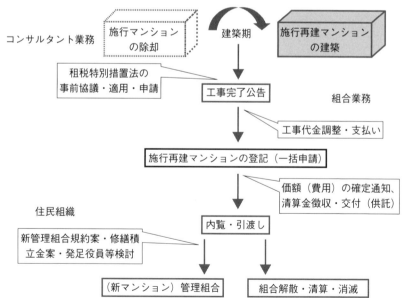

図表2-7　工事完了・引渡し・「清算金予定額」清算の流れ

来栄えを披露する目的もある。

　権利者のための内覧会は、主に個別権利者に所有戸の出来栄えを披露するためのものである。個別所有者が備える照明などの室内デザインなど、見当をつけてもらう目的もある。また、他の部屋を見学して、内装を考え直す権利者もいるので、そのための機会でもある。

　竣工に合わせて、住戸が権利者に引き渡されるが、簡単な総会を開催することがある。課題の一つは会計報告である。シェア・コントラクトやコール・オプションがある場合は、その成り行きを報告しなければならない。余剰金の多少によって、交付される金額が異なるし、時期についても報告しなければならない。

　金王町住宅の場合、シェアによる余剰の戻入れ金が確定していたので、その報告と承認、建替え金との相殺などの承認を得る必要があった。そのほかに、消費税の還付手続について報告がなされた。

5 ｜ 竣工祝賀会と定例総会

　竣工引渡しをもって、理事会活動は一段落する。あとは、建替事業の総括である。

　残る課題は、解散準備である。

① 解散総会の準備
② 当年度の決算
③ 建替え全事業年にわたる最終決算
④ 解散後の清算計画と清算用資金準備

などである。他に、新管理組合設立、管理と長期修繕計画の準備がある。設立や計画の承認は新管理組合総会の仕事である（新組合の総会は、建替組合の解散総会直後に続けて行われることが多い）。

　決算を含む年次総会は、年度終了から2カ月以内である。この間に会計事務所を交えて出納を記録し、最終清算用資金を残して総会では徴収金や交付

金を含めて報告する。

　引越しが終わったこの時期はまた、竣工祝賀会や完成記念会などにも適している。総会も含めて、新マンションの一隅で開催するのがおすすめである。金王町住宅の場合は、転出した住民にもあえて招待状を送った。集まった旧コミュニティの仲間たちは和気あいあいと祝賀会で祝ったものである。

6　徴収金と交付金

　円滑化法は、新マンションの工事完了とともに公告によって知らせ、価額決定通知することを規定している。

　同法84条は、建替え費用の額と施行再建マンションの価額の確定、取得者への通知を規定。同法施行令22条は、価額の範囲は予定販売価格以下、および費用の額を規定。同法施行規則45条は、費用案分は「施行再建マンションの総床面積建築費用分の専有面積費用」比率と規定。同法85条は、費用と価額の差額を徴収もしくは交付することを規定している。

　すなわち、費用が価額を下回るときは、差額を従後の「総床面積分の専有面積（付録第一の式）」比率で交付、と規定している。法施行規則の付録に費用案分のための第一の式が定義されている。説明はわかりづらいが、付録第一の式は単純に「戸別費用は（再建マンションの）全面積（専有＋共有）分の専有面積の割合」である。再建以前の面積比率（権利関係）は、権利変換確定以前の問題であり、すべて権利変換計画に置き換えられている。したがって、従前資産の価値は、まったく関連しない。

　こうして、法律、施行令、施行規則さらに法律の85条に戻ると、不足額の徴収にしても、余剰の交付にしても、全面積分の専有面積で算出することがわかる。

　組合員が、新住戸入手後に市場に売る場合、租税特別措置法33の3で売価は原価を増し床負担金＋原始取得価格とし、5年超の長期保有の適用を受ければ、譲渡利益減税の措置があるので、その適用と申請方法を周知する必

要がある。

　価額と費用の決定後清算金予定額を徴収、総会承認を経て都へ報告し解散の申請、清算人（理事の就任を総会承認）の選任を報告する。

7 | 解散総会と会計検査

　金銭処理は、潔癖かつ公明正大に行うべきである。報告の必要な事項は、協力会計事務所が把握しているはずである。数値は必ずしも細かくなくてもよいが、正当・正確でなければならない。組合員は報告の詳細さにはこだわらないが、不明朗な報告では不満を呈する。円滑化法は組合員の10分の1以上の要求で、監督官庁の会計検査を要求できることになっている。事実、会計検査を要求されるケースは少なくない。

　金王町住宅のケースでは、一部の理事がインサイダー利益を企図して、最後まで紛糾した。会計担当を含めた一部の理事が、戻入れ金と費用等を相殺した戸別返還金額だけを各組合員に送付し、振り込んだ。協力事業者は当初、返還金の計算と振込に強い懸念を示し反対していたが、その後、1年も経ってから臨時総会を開催し委任状多数で追認する（その後、不穏な返還を感じた組合員は会計検査を要求している）。

8 | 建替え以外の選択

　建替えは、家を建て替えるという不馴れな仕事に立ち向かう住民と、協力事業者やコンサルタント、行政といった知識経験の豊富な組織に囲まれた仕事である。そこに絶対的な情報の片務性の問題がある。また、住民側にとっても、建て替えることと「自分の家を建てる」こと、「住まいを換える」ことが熟考できるような余裕のある選択肢となっている状況が望ましい。

　平成26（2014）年の円滑化法改正は、その意味で重要である。建て替えるときの再建マンションの設計、費用に合意が得られないとき、あるいは、別に家を建てたり住まいを換えたりする住民の可能性を残して、建物を捨て

て土地を売る選択肢を与えている。

9 | 解散総会後の清算について

解散総会以後、監督官庁に解散認可申請をする。この間にたとえば会計検査要求があれば、担当官庁がこれを行う。問題がなければ、解散が許可され、許可証が交付される。これ以降は清算人の活動となる。

法39条の4が規定する清算人の職務は、現務の結了、債権の取立ておよ

図表2-8　建替組合の解散・清算の流れ

建替組合

- 解散総会
  - ＊事業費と価額の確定
  - ＊解散準備・決定
  - ＊清算人選任
- 債権者の同意 →
- 組合の解散認可申請
- 組合員10分の1以上の会計検査要求
- 組合の解散認可 ← 都道府県知事の認可
- 解散公告
- 清算人活動
- 残余財産の現況調査
- 2カ月内3回以上の公告
- 債権の請求
- 財産目録の作成　財産処分の方法 ← 組合総会の承認
- 債権の取立て　債務の弁済
- 残余財産の処分
- 決算報告書の作成 ← 都道府県知事の承認
- 組合員へ報告

び債務の弁済、および残余財産の引渡しである。そのために、まず3回以上の官報の公告をもって、債権者に対し、2カ月以上の期間内にその債権の申出をすべき旨の催告をしなければならない。そののちに、組合の財産目録を作成し、財産処分の方法を定め、財産目録及び財産処分の方法について総会の承認を求めなければならない。

この間、再建マンションの管理組合のための規約等を用意しなければならない。これには、国土交通省のマンション標準管理規約がある。管理費以外にマンションの維持・修繕のため積立金を徴収する必要が定められている。原始規約の作成は、建替組合の仕事の延長である[34]。

解散から清算にいたる活動の内容は図表2-8に示されるとおりである。

組合活動の終結は清算総会とその後の報告、監督官庁の承認である。金銭処理問題で、清算が滞ることが多い。最後まで公明正大な活動が求められる[35]。

33 円滑化法第84条（施行再建マンションの区分所有権等の価額等の確定）　施行者は、マンション建替事業の工事が完了したときは、速やかに、当該事業に要した費用の額を確定するとともに、政令で定めるところにより、その確定した額及び第62条に規定する30日の期間を経過した日における近傍類似の土地又は近傍同種の建築物に関する同種の権利の取引価格等を考慮して定める相当の価額を基準として、施行再建マンションの区分所有権若しくは敷地利用権を取得した者又はその借家権を取得した者（施行者の所有する施行再建マンションの部分について第60条第4項ただし書の規定により借家権が与えられるように定められたものに限る。）ごとに、施行再建マンションの区分所有権若しくは敷地利用権の価額又は施行者が賃貸する施行再建マンションの部分の家賃の額を確定し、これらの者にその確定した額を通知しなければならない。
第85条（清算）　前条の規定により確定した施行再建マンションの区分所有権又は敷地利用権の価額とこれを与えられた者がこれに対応する権利として有していた施行マンションの区分所有権又は敷地利用権の価額とに差額があるときは、施行者は、その差額に相当する金額を徴収し、又は交付しなければならない。
34 マンション標準管理規約（国交省）第28条（修繕積立金）　管理組合は、各区分所有者が納入する修繕積立金を積み立てるものとし、積み立てた修繕積立金は、次の各号に掲げる特別の管理に要する経費に充当する場合に限って取り崩すことができる。
　一　一定年数の経過ごとに計画的に行う修繕
　二　不測の事故その他特別の事由により必要となる修繕

三　敷地及び共用部分等の変更
　　　四　建物の建替えに係る合意形成に必要となる事項の調査
　　　五　その他敷地及び共用部分等の管理に関し、区分所有者全体の利益のために特別に必要となる管理
　２　前項にかかわらず、区分所有法第62条第1項の建替え決議（以下「建替え決議」という。）又は建替えに関する区分所有者全員の合意の後であっても、マンションの建替えの円滑化等に関する法律（以下本項において「円滑化法」という。）第9条のマンション建替組合（以下「建替組合」という。）の設立の認可又は円滑化法第45条のマンション建替事業の認可までの間において、建物の建替えに係る計画又は設計等に必要がある場合には、その経費に充当するため、管理組合は、修繕積立金から管理組合の消滅時に建替え不参加者に帰属する修繕積立金相当額を除いた金額を限度として、修繕積立金を取り崩すことができる。
　３　管理組合は、第1項各号の経費に充てるため借入れをしたときは、修繕積立金をもってその償還に充てることができる。
　４　修繕積立金については、管理費とは区分して経理しなければならない。
35　円滑化法第39条の4（清算人の職務及び権限）第1項　清算人の職務は、次のとおりとする。
　　　一　現務の結了
　　　二　債権の取立て及び債務の弁済
　　　三　残余財産の引渡し
　２　清算人は、前項各号に掲げる職務を行うために必要な一切の行為をすることができる。
　第40条（清算事務）　清算人は、就職の後遅滞なく、組合の財産の現況を調査し、財産目録を作成し、及び財産処分の方法を定め、財産目録及び財産処分の方法について総会の承認を求めなければならない。
　同法第40条の2（債権の申出の催告等）第1項　清算人は、その就職の日から2月以内に、少なくとも3回の公告をもって、債権者に対し、一定の期間内にその債権の申出をすべき旨の催告をしなければならない。この場合において、その期間は、2月を下ることができない。
　２　前項の公告には、債権者がその期間内に申出をしないときは清算から除斥されるべき旨を付記しなければならない。ただし、清算人は、知れている債権者を除斥することができない。
　３　清算人は、知れている債権者には、各別にその申出の催告をしなければならない。
　４　第1項の公告は、官報に掲載してする。

第3章
金王町住宅建替えの実例

第1節　金王町住宅建替えのプロセス

　渋谷駅南口改札を抜けて東側に出ると、明治通りと玉川通り（国道246号）交差点をまたぐ大きなロの字型の歩道橋がある。これを対角線状にわたると、渋谷警察の建物がある。

　玉川通りに沿って100メートルほど東に坂を上がったところに、金王町住宅ビルがあった。公益法人「金王町住宅マンション建替組合」によって建替えられ、今は「プライア渋谷」となっている。渋谷駅から2分。駅至近のマンションである。

1 ｜ 建替えまでの道のり

　前述したように、プライア渋谷は、平成14（2002）年に施行された旧円滑化法下の「借地権マンション事例」の東京都における認可公益法人組合の第1号として知られている。元は旧財団法人東京都住宅協会の「金王高桑ビル」（以下「金王町住宅」という）であった。

　平成17（2005）年6月2日付で公益法人申請をした「金王町住宅マンション建替組合」は、8月17日に正式認可された。権利変換計画は11月13日に申請され、12月21日に認可された。26日の権利変換日を経て翌18年初頭より解体工事、4月より建築工事が開始、22カ月の工期を経て、平成20（2008）年2月1日に工事完了公告がなされた。

> 記
> 建替事業の対象所在地：東京都渋谷区渋谷3-6-4
> 施工マンション（従前建物）：「金王高桑ビル」 竣工 昭和31年10月
> 敷地面積：約660m²（地上権 1955年から50年契約）
> 構造・階数：鉄筋コンクリート、鉄骨造地下1階地上11階
> 住戸内訳：住宅81戸 店舗等6区画
> 金王町住宅マンション建替組合：理事長HO氏以下理事4名、監事2名
> 　　　　　　　　　　　　　　　認　可　平成17年10月
> 　　　　　　　　　　　　　　　組合員　52名（参加組合員を含む）
> 参加組合員：株式会社新日鉄都市開発
> 施工再建マンション（従後建物）：「プライア渋谷」： 竣工 平成20年3月
> 　　　　　　　　　　　　　　　敷地面積　同　約660m²（所有権）
> 　　　　　　　　　　　　　　　構造・階数　鉄筋コンクリート造　地下
> 　　　　　　　　　　　　　　　1階　地上17階
> 　　　　　　　　　　　　　　　住戸内訳　住宅　124戸　店舗　1区画

2 | 建替え前の状況

　昭和31（1956）年竣工の金王町住宅は、民間マンション第1号として知られる四谷コーポラスと同じ年に完成している。建物は住民とともに年を重ね、世紀の変わり目、平成12（2000）年は44年目、老朽化し相当みじめな状態となっていた。それまでも何度も建替えの声が上がったが、バブルがはじけて以降、話が出てはしぼんで消えた。

　困ったのは住民たちである。

　この頃の住民は自己使用が30戸。賃貸が28戸。空き室が23戸もあった。個別に所有されている部屋はこうして81戸。そのほかに地主の持っている店舗や事務所の権利が21戸相当。合計で102戸である。竣工当初からの所有者はまだ半数ほど残っていた。そのうち実際に居住していたのが15～16

第3章 金王町住宅建替えの実例

図表3-1 旧金王町住宅の完成当時の正面図

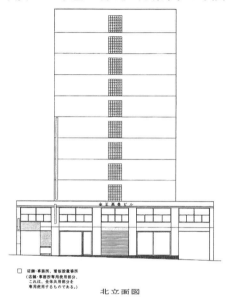

戸である。

　当初からの所有者たちはこの頃すでに70歳代以上。朽ち果て陳腐化する建物とともに年を取るより、まだ元気なうちに建て替えたいというのが本音であった。代変わりした若い所有者も居住者・不在家主問わず、建て替えたいという意向であった。

　問題は「借地権」にあった。50年契約の借地権は、残すところ5年である。建替えには、地主の契約更新承諾が必要とされる。借地代は、固定資産税の3倍と決められていたので、地主の地代収入は固定資産税2倍分である。地主は、建て替えないのなら契約の更新はしない、と明言していた。仮に、建て替えるにしても更新承諾料を取られるうえに、借地権マンションでは市場価値は低く、市場価格はつきにくい。

　問題は二つあった。一つは敷地利用権を所有権にすること。二つ目は底地

を権利変換計画に組み入れて、円滑化法の適用とすることであった。

3 ｜ 金王町住宅の構造

平成12（2000）年当時の1人当たり国民所得は400万円であるが、大戦後10年目の昭和30（1955）年当時はようやく10万円程度であった（内閣府国民経済計算）[36]。国民の豊かさは、約40分の1程度の金額であった。

当時の住環境は絶対数の不足に、狭小さが加わり、設備も一人当たり面積もみじめなものであった。その中にあって、金王町住宅は特異な存在であった。11階建て鉄筋コンクリート。住戸は6畳2間に台所（3～4畳）、水洗ト

図表3-2　旧金王町住宅のフロアプラン

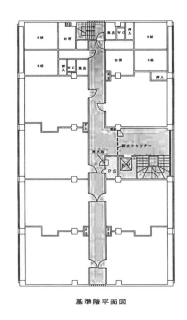

基準階平面図

イレに風呂がついていた。分譲価格（50年の割賦払い）は450万円と、今でいう「億ション」のたぐいである。それでも現在の環境から見ると、極めて狭小な住戸である。しかも、半世紀近く経て、躯体にも老朽化が目立つ。スラブの薄い（120ミリの）天井は、ひびがまんべんなくいきわたり、いつなんどき鉄筋とともに落ちてくるかわからない。建築基準法の耐震基準が改正された昭和56（1981）年のはるか以前の建築で、当然旧基準建築である。管理者の東京都住宅協会の担当者も、耐震性能やライフラインの劣化をことあるごとに報告し、客観的状況を共通認識とすべく努力していた。

　戦後の狭い古い建物のため、陳腐化の極みに達していた。各戸とも従前の和式水洗トイレを洋式に改造するのであるが、和式は壁側に向かうので、扉との空間は極めて狭い。洋式にすると扉との間にほとんど空間が取れず、座るのも一苦労する狭さとなる。風呂は120センチかける90センチの狭さ。部屋全体の狭さや配置の悪さ、隣のビルに向いた窓など、すべてに時代遅れの感が否めなかった。

　そんな折にも、エレベーターはしばしば止まり、上階の風呂による水漏れもしばしば起きた。

4 │ 管理組合設立と建替えの機運

　長期割賦分譲の借地権住宅ビルだった金王町住宅は、建築の昭和31（1956年）以来東京都住宅協会の管理下にあった。バブル絶頂期の80年代末、住民組織として自治会が結成された。以後、ビル転売の話や地主の法人による地上げ活動の対応も、自治会が対応していた。90年代後期の不動産会社K社による建替え話の際も、住民側は自治会組織があたった。

　この頃になると、50年分割払いの残金も少なくなり、繰り上げ一括払いで建物所有権を入手する住戸も増えた。そのようなわけで、自治会もようやく、区分所有法による管理を考えるようになった。老朽化によって修繕積立金の必要性も理解され、2000年に管理組合が結成され、全員加入制度の区

分所有法に定める組合となった。その理事会は後に「開発委員会」を組織して、建替えの可能性を探るようになる。

5 │ 大規模修繕の見積り

　金王町住宅は、コンクリートの柱を組み立て、間に床や壁を敷き詰めたラーメン構造（柱構造）である。構造体のコンクリート柱はしっかりしている。しかし、柱構造建物は大地震時に重い上層を支える下層階の柱が挫屈を起こしてつぶれることが知られている。それに加えて、金王町住宅に使われている上下水道管はすべて戦後の鉄製。内部が錆ついているうえ、容量も小さく総交換の必要があった。管理組合は業者に修繕見積りを依頼したところ、躯体の補強に加えて上下水道管の再配置などをすると、外壁にも内部廊下にもパイプ類が這い回ることになることがわかった。もともと狭い共用空間がますます狭く、低くなる。

　さらに、簡易修繕か大規模修繕を調べるには、検査費用だけで400万円ほどになることがわかった。最悪の場合、大規模修繕に4億円以上かかると予想された。これは、1戸当たり500万円近くなる金額である。

　問題はそれほどかけても、建物が快適に過ごせるようになるかと言えば、こころもとなく、5年ほどで別な故障が起きて再度修理が必要になるだろうということであった。

6 │ グループ間の軋轢

　自治会から管理組合の結成や建替え議論までの間に、金王町住宅では三つのグループがしのぎを削っていた。旧来の自治会メンバーが数の上でもっとも優勢であった。しかし、このグループは古い住民の仲良しクラブ的な友好団体の域を出なかった。互いに気を使って強い意見を言わず、言っても具合が悪ければひっこめるといったことで、延々と同じ議論を繰り返して無為に時間が過ぎていた。

二つ目のグループは、個人投資家のグループである。金王町住宅の建替えに目をつけて部屋を買い集めたり、賃貸用投資物件として買っている目はしのきく人たちである。発言力はあるが、員数が少なく集団ともならないので勢力としては弱かった。

　三つ目は、員数は多くはないが建替えに向けてがっちりと手を組んだ専門性のある人たちの集まりである。

　旧来の自治会グループの古い住民たちの結束が固いために、あとの二つのグループとの溝は深かった。

36　http://www5.cao.go.jp/j-j/wp/wp-je12/h10_data01.html

第2節　建替えの序奏

1　建替えへ向けて

　数年にわたるグループ間の議論を経て、公益法人組合として建替えする案が徐々に固められ、同時に活動中枢に残るメンバーのスクリーニングも進められた。平成15（2003）年頃になると、拡大理事懇談会から「建替検討委員会」が生まれた。半年ほどの議論を経て、後にこれを「建替準備委員会（HM委員長）」に衣替えする。建替準備委員会は、月に2度ほどの会合を続けて建替え案を探った。最初の議論は、住宅を主とするか事務所などの他用途に広げるかであった。同時に、私的な組合とするか、公的な法人組合とするかが検討された。

　円滑化法には、組合施行と個人施行が規定されている。

　個人施行は、地主や建物所有者が個人として任意に各テナントと契約して建て替える、いわば「地上げ」方式である。資金と組織の力量があれば、このほうが早く片付く。組合施行方式は、住民の集会を中心として話し合いと

決議を重ねて建て替える方式である。事項ごとに総会承認が必要なうえ、公益法人組合は行政と司法の監督がある。一方、組合施行方式の利点は、透明度が高くなり公正性が保たれる。

いずれの場合も、事業の一部を協力事業者にまかせる等価交換だけの手法も、円滑化法の権利変換方法も導入できる。

金王町住宅は、第1と第2グループも納得できる公益組合方式を採択することにした。

2 │ 金王町住宅の住民の属性

金王町住宅の構造は、地下1階地上11階である。

地下の主要部は貸しスタジオとして使われていた空間である。他に小さな管理人室と機械室があった。地上1階表（路面）に店舗、2階に事務所用賃貸スペースがあった。貸しスタジオと店舗と事務所用賃貸すベースは地主T氏の所有であった。面積は住宅21戸分に相当する。

3階以上11階までが住宅である。各階9部屋、9階分で81戸。個人で6戸所有と、企業で6戸所有、他に複数戸所有のケースがあるので、所有者は全員で計70名弱である。

住戸81戸に地主所有分21戸相当をいれると、権利者は戸数で102戸である。

属性をみると、住宅81戸のうち4分の3の、50名ほどが個人の所有である。残り20戸程は法人名義の所有。中には地方政府の所有もあった。

50名程の個人所有者のうち、建築当時からの名義人は2代目も含めて約4分の1の、10数名。残りはその後買い受けた転入者である。年齢構成を見ると、平均年齢64歳。中にはすでに90歳の住民も数名いた。若い人でも30代半ばが1人、40代が3名程である。最頻値は、60歳代後半であった。

3 | 参加組合員の選定

　旧来の自治会を含めた10年ほどの議論を経て、平成14（2002）年の円滑化法施行が近づくにつれて、建替えは具体的な計画へと代わっていった。このころまでの建替え案は自治会とも懇意の不動産業者K社のTK氏の提起であった。氏は地主T氏のエージェントを務めていたが、空き室を買い入れて、組合員として管理組合に参加したのである。

　TK氏は管理組合総会で旭化成の建替え案を披歴した。

　旧来の自治会上がりの管理組合理事長I氏が、慎重にことを運んだ。まず、フリー建築家のO氏を管理組合に引き入れて、どぶ板を踏むような活動を開始する。何階かの下水管が破裂したといっては飛んでいき、何号室かの風呂があふれたといっては、上下階にわたって処理した。これを1年ほど続けて各戸と顔なじみになり、家庭の事情が少しずつつかめたころに、管理組合の中でも建替えの機運が盛り上がる。これが平成15（2003）年春先、月ごとの拡大（建替え検討）理事会となったのである。

　管理組合の理事長を引き継いだ建築家O氏は不動産ブローカーS氏とコンビを組んで、不動産業者TK氏を外す工作をする。「不動産業者が直接建替えにかかわるのは良くない」というのが、理由であった。「これまでの仕事は無視できないので、管理組合の積立金からいくらか費用を捻出してお引き取り代としたい」として、後に組合費から500万円を支払っている。

4 | 組合結成まで

　その後、建替え推進決議を議決させた平成15（2003）年初夏、O理事長、副理事長に着任したS氏が協力事業者6社を集めて開発計画の提案を求めた。

　こういう場に長けていたのは、かつて開発会社の経理担当を勤めあげたS氏であった。もとより本命対抗があった中で、新日鉄都市開発（以下「新日

鉄」もしくは「協力事業者」、「業者」という）に目星をつけた。建替えの声が大きくなったころ、事前の備えとして、理事の一人を委員長に「建替え推進委員会」を作り、正式な理事会後に委員を加えて引き続き開いて協議した。これを半年ほど続け、その間に参加組合員となる協力事業者を選別し、やがて新日鉄に白羽の矢を立てたのである。同社と議論するうちに、円滑化法下の公益法人組合事業として建替えを進める案に落ち着き、平成15（2003）年6月の管理組合総会で建替えの素案を提案することになった。

　円滑化法が施行された翌年のことで、活動は手探り状態でもあったが、業者はすでにマンション建替事業に携わっており、事情に精通しているうえ、コントラクター（契約統合業者）として法律にも精通していた。

　組合方式による建替えの場合、建替えに賛同する管理組合員（補償金を受け取って転出する組合員も含めて）で建替組合を結成する。その際に、建替えの資金（建築資金や転出補償金）を提供する協力事業者が「参加組合員」として、組合に加わる。

　同年6月の管理組合総会で「敷地利用権は等価交換が前提」とされた。坪単価の予測から還元床の説明がなされ、「新マンションの将来坪単価が、仮に高い310万円であれば、還元床5.97坪、低い290万円の場合は5.54坪」の見積りが示された。こうして、10月に正式に選定された新日鉄の事業計画提案が提示された。

　建替え決議では、まず協力事業者が選定され、等価交換の還元床や増し床負担金のめどが明らかにされるほうが望ましい。そのめどが立たないままに決議をしても、後の業者選定や見積り額でくい違いが起きてとん挫することが多いからである。

　パートナーが決まって、費用の見積りがあらかた示されると、住民は建替え賛成に踏み切るかどうかの心づもりができるようになる。

第3章　金王町住宅建替えの実例

第3節　建替え準備の実務

1　建替事業としての準備

　管理組合は同時に、組合員に「建替えアンケート」を何度か実施している。回答回収率が7割程度、「建替え賛成」と「参加しても良い」を含めて、8割方の「賛成」に近づいた段階で、総会において新日鉄の参加を提案して承認、「建替え推進決議」を提起、承認された。今さらなぜ「推進」決議なのかの声も聞かれたが、慎重に機の熟すのを待って進めたのである。

　次に「建替え準備委員会」を立ち上げて、さらに半年ほど慎重に審議した。そうして「建替え決議」を管理組合総会に提起、承認された。時すでに平成17（2005）年春である。建替え検討委、建替え推進委を経たこの頃になると、建替え積極派の組合員からは「何をもたもたしているのか」という声も出始めた。

　5月に「建替組合準備委員会」が発足、6月に委員会のメンバーで組合の設立申請をしたのである。メンバーは建替えの結束に有力なメンバーであった。いつの間にか組合を引っ張るO氏とS氏、経営実務に長けたA氏や筆者、発言は少ないが組合の方針に従順な税理士のB氏と貸しビル経営のC氏らがいた。

　建替え原案が示された平成15（2003）年11月時点の動向調査の結果は次のとおりである。個人や法人名義のうち53名（地主を含む）が権利変換を望み、14名（戸）が転出を希望、他に整理中や所有者不明の住戸などが4戸あった。転出希望者のうち、会社や行政（地方の県庁所有など）名義が7件あり、建替えを機に退出を決めたものである。

　注目すべきは、積極的に反対した人は、1人しか存在しなかったことである。

2 「従前価値」

　協力事業者が出資して住民と共同で建替事業をするとき、①建築の素案と②提案される「従前資産の価値」、③増床の価格が住民の意志決定の重要な要素となる。特に、建替え決議に向けては、従前資産の評価価値がもっとも重要となる。出資する協力事業者が建て替えようとする資産をいくらと評価するかが、還元率（従前面積分の還元床面積）につながり、権利者にとっては、増し床が必要だとすればどれくらいの面積をいくらで買えるのか、につながるからである。さらに、再建マンションに戻らない転出者にとっては、補償金の額が最大関心事である。転出者も建替え賛成者となるので、建替え決議多数を取るためには十分に魅力的な従前資産評価とならねばならない。

　金王町住宅の場合、平成15（2003）年、前期の協力事業者コンペで、従前資産評価を明確に出したのは2社であった。いずれも金額は1,400万円であった。地上げ時の呼び値（数千万円からバブル期には1億円の憶測があった）から言えばかなり低い額である。

　その後、平成16（2004）年に管理組合が不動産鑑定業者に依頼したときの評価は、更地価格で坪単価800万円±5％である。敷地は200坪、戸数102なので、1戸当たり約1.96坪。所有権評価なら1,600万円弱である。

3 建替え決議

　建替えに関する法律の規定は、区分所有法での建替え決議と、それを引き継ぐ円滑化法による建替え管理の2本立てとなっている。

　区分所有法は、マンションの所有と管理形態を規定する法律である。団地やマンションが出現してから、建てた公社や業者が抜けた後、多くのところには統一した所有や管理の考え方がなかったので、何度かの改正を経て現在の形になった。主旨は、共同体としてのマンションの所有と管理の標準形態を定めている。したがって、マンションの大規模修繕か建替えかは、所有管

理の範疇として、区分所有法の中で規定されている。

　区分所有法には、マンションの建替え決議と建替え承認決議がある。

　建替え決議は、建て替える建物の議決権の8割以上の賛成が必要であり、建て替える建物が団地の場合、他の建物を含めた議決権の4分の3（7割5分）の建替え承認が必要となる。団地全体の建替えの場合は、全体の議決権の8割の賛成と、団地各棟で議決権の3分の2の建替え承認が必要である。

　金王町住宅は単独建物だが、「開発委員会」で半年、「理事懇談会」でも半年、「建替え推進決議」を経てやがて「準備委員会」を立ち上げ、1年後の平成15（2003）年12月「建替え決議」につながるのである。こうして、建替えの組織が形作られ、建替え決議がなされてからも、建築に取りかかるには一般的に約1年を要する。

4 ｜ 建替え決議総会

　管理組合の建替え決議総会は、2カ月前（区分所有法62条4項）の招集と、次の事項を決議事項に含めなければならないとある（同条2項）。

① 　新たに建築する建物（再建建物）の設計の概要
② 　建物の取壊しおよび再建建物の建築に要する費用の概算額
③ 　前号に規定する費用の分担に関する事項
④ 　再建建物の区分所有権の帰属に関する事項

　金王町住宅管理組合では、総会招集後1カ月目頃、平成16（2004）年11月12日に拡大理事会で説明会を開催した。そうしてそれまでにまったく応答のない住民に個別に連絡して意向を打診した。それでも、まったく返答のない住戸が3戸程残った。そのうち2戸は建替え反対であり、もう1戸は条件闘争組であった。こうして、同年12月18日建替え決議総会を迎えた。結果は該当住戸70名中、出席23、議決行使書44、賛成67（議決権102中、賛成99）、無回答3、であった。確認したところ、専有面積割合でも97％以上の賛成であった。こうして、金王町住宅は、協力事業者と二人三脚で建替

えに進むことになった。

　その後の理事会と協力事業者の協力関係では、翌平成17（2005）年、協力事業者が新たに組みなおした事業収支が4月20日の理事会で提示され、基本設計を経た建物のフロアプランの明確な設計図面が示された。1フロア8室。2階から17階の全フロアを統一し、1ルーム7.6坪、1DK9.96坪、1LDK11.11～13.69坪の設計となった（フロアプラン図は182ページにある）。

5 │ 住民の建替え参加準備資金

　建替えにかかる住民の負担は重い。長い間議論となっていた大規模修繕か建替えかの焦点は、まぎれもなくコスト問題である。コストは、精神的・力量的負担と金銭的負担に分かれる。

　引越しと仮住居に2年半住んで、また元に戻るのは、大きな精神的負担と肉体的負担がかかる。どこでも古いマンションの古い住民には高齢者が多く、これは深刻な問題であった。

　金王町住宅の場合、金銭的費用は次のとおりである。

　仮住居に29カ月住むための資金（賃料・仮に12万円なら350万円ほどに初期費用敷金礼金契約更新料60万円）に、引越し費用2回分（約40万円）、計約450万円が必要であった。

　第7節で説明する増し床負担金を加えると、住戸にとって必要な費用は、最低約600万円弱（賃貸使用者）、最高3,000万円弱（住居使用者）となる。そのうち、初年度に45万円（賃貸使用者）から約150～350万円（住居使用者）を用意する必要がある。

　図表3-3は、建替えに伴う移転仮住居の費用概算を網羅したものである。

　上段は住居使用者、下段は賃貸使用者の例である。XとYは仮の金額で、活動が進展して判明する額である。

第3章 金王町住宅建替えの実例

図表3-3 建替事業にかかる住戸の費用概算

		明渡し初年度		建築工事期間中 (2～3年)		竣工引渡し年度		総計
住戸として自己使用（仮住居・転居必要）		引越・諸経費	約20万円	仮住居家賃	約350万円	登記費用	約3万円	
		仮住居（敷・礼・賃）（賃料12万円程度）	約60万円	土地（敷地利用権）固定資産税等	約45万円	不動産取得税	約16万円	
		残置物処理費用（残置量による）	X万円	管理組合解散処分金（修繕積立など戻り）	返金Y万円	管理組合費	約22万円	
						修繕積立金	約40万円	
						引越し・入居諸経費	約20万円	
		増床負担（頭金）	45～240万円			増床負担（残金）	405～2,160万円	増床負担 450～2,400万円
	小計		(45～240)＋X万円 (125～320)＋X万円		395－Y万円		506～2,261万円	1,026±XY万円＋増床負担金
仮住居を必要としない場合		残地物処理費用	X万円	管理組合解散処分金（修繕積立など戻り）	返金Y万円	登記費用	約3万円	
				土地（敷地利用権）固定資産税等	約45万円	不動産取得税	約16万円	
						管理組合費	約22万円	
						修繕積立金	約40万円	
		増床負担（頭金）	45～240万円			増床負担（残金）	405～2,160万円	増床負担 450～2,400万円
	小計		(45～240)＋X万円		45－Y万円		486～2,241万円	576±XY万円＋増床負担金

125

6 | 敷地利用権の評価額

　協力事業者は建替えの建築費や立替金を提供しなければならない。そのために、敷地利用権を保守的に低く見積もる傾向があるのは前述のとおりである。見積額が低ければ、それだけ出資金を抑え利益が得られるからである。金王町住宅の場合、協力事業者の評価は鑑定値より1割ほど低かった。

　先に金王町住宅の敷地価額は、所有権なら1,600万円と書いた。しかし、敷地利用権は旧借地法の地上権である。従前の合意では地上権9割、底地1割であった。その場合、住戸の権利は評価額1,440万円（地主160万円）である。しかし、国税庁の路線価図では地上権8割、底地2割である。その場合、住戸の権利は評価額1,280万円（底地320万円）となる。

　その後の地主との交渉で、地上権8割5分（底地1割5分）になったので、住戸の権利評価額は1,360万円（底地240万円）となった。この評価の下で、住戸は底地を（組合を通して）買い取るのであるが、その価額はほぼ「還元床1坪」の価値に当たった。そうして、各住戸に戻る還元床は、5.62坪となった。その評価額は1,400万円となり、転出者にはその金額で補償金が支払われることになったのである。

7 | 増し床負担金

　還元床面積5.62坪に対して、再建建物の部屋は最小7坪超から最大14坪弱ほどである。戻る住民は、選択した新住戸の大小に従って、最低480万円から2,350万円までの増し床負担金が必要となる。その金額の1割は解体工事が始まった平成18（2006）年2月。残り9割は竣工直前の平成20（2008）年2月に支払うことになっていた。

　すなわち、建替えのための転居を含めた初年度の費用は、引越し費用、仮住居契約金と賃料、増し床負担金の頭金（1・2割が相場）が必要とされる。幸いに、十分な合意準備期間があったので、多くの住戸は自己資金を用意し

て建替えの機を迎えたのである。

8 │ 建替え用の資金アンケート

　金王町住宅の場合、本格的な新住戸選択アンケートは平成17（2005）年5月前後に行われた。転出者を除いて、送付した質問状の資金手当てについて回答したのは、33通。複数所有者を含めて住戸数の約9割であった。未回答のうち、4戸は行政や法人の所有である。法人の場合は資金の都合はつくはずなので心配はない。行政（県の所有）の場合は、その時点で転出することがほぼ確実であったので、いずれも問題となることはなかった。

　回答者のうち、圧倒的多数22通が「自己資金」である。これは戸数として四十数戸。他に「未定」が数戸。自己資金＋借入としたのは、若い継承人がローンを組むケースの1戸であった。明確な回答のうち、「全額借入」と回答したのはわずか1戸である。住戸の資金手当てについては、心配はなくなった。これは当時の入居者の年齢層が比較的高く、利子率の高い時代の預貯金があったためと思われる。

9 │ 新マンションのフロアプラン

　建替えを機に、住民はそれぞれに異なる将来像を描いているものである。金王町住宅の従前建物は、ほぼ10坪の均一的な住戸であったが、再建マンションに独り身で戻る人や、家族で戻る人たち、賃貸に貸し出す人たちと、多種多様な需要があった。建替え決議で賛成多数を取るには、各住戸の財政事情や一身上の事情をすべて汲み上げられる再建マンションの柔軟なフロアプランが必要である。

　金王町住宅では、平成15（2003）年の建替え推進決議以降、組合は協力事業者とともに住民の希望をさらに何度も細かく探った。翌年の建替え決議までに、最小面積と最大面積用途の希望を割り出し、建築計画に盛り込んだ。そうして、建替組合結成の平成17年には住戸選択アンケートと調整を加え

て、再建マンションのフロアプランを完成させた。

　還元床5.62坪に対してつくられたフロアプランは、1つの階に7坪程度の小さい部屋が2戸、11〜12坪が3戸、14坪程度が3戸の8戸となった。

　一つひとつ異なる間取りは、新居の夢を誘う造りとなっている。

　こうして、再建マンションに戻る全住戸がそれぞれ多少なりと増し床負担金を支払うことになった。建築資金の提供者である協力事業者との話し合いで、建築時に手付金の意味で増し床負担金の1割を支払ってもらい、建物竣工引渡し直前に残金9割を支払ってもらうこととした。

　7月になると、再建マンションの概要とともに、部屋の階層別、方位別、景観を含めた効用格差（たとえば高速道路に面した「高速かぶり」は−4％、方位：北向き−1％、階ごとの格差は0.5％、展望可能性：（15F以上）＋3％など）が発表されて、理事会で審議承認を経たうえで、新住戸の目星をつけている組合員に示された。

　さらに新住戸選択の重複選択に備えて抽選順になどの方法を決めてから、再度アンケートを取ったうえ、各権利者と面会して口頭で希望内容を聞き、それとなく資金手当てについても探った。こうして、組合認可申請中の6月

図表3-4　施行再建マンションのフロアプラン案[37]

タイプ	間取り	専有面積	専有面積（坪）
Aタイプ	1LDK	41.67㎡	12.60坪
Bタイプ	1R	25.38㎡	7.67坪
Cタイプ	1R	25.17㎡	7.61坪
Dタイプ	1DK	31.96㎡	9.66坪
Eタイプ	1LDK	40.71㎡	12.31坪
Fタイプ	1LDK	36.75㎡	11.11坪
Gタイプ	1LDK	36.75㎡	11.11坪
Hタイプ	1LDK	45.27㎡	13.69坪

から8月にかけて、新住戸選択がほぼ決まった。争いになるほどの選択競合はなかったが、複数戸所有者は、たとえば従前6戸所有者は4戸までに制限された。慎重な調整の結果、複数戸所有者のうち、法人所有で新住戸を結合させて事務所とする権利者には、4階の片面4戸を割き、もう一人の賃貸予定の複数戸所有者には、価額の合計が合致する部屋を4戸配分した。

　37　182頁にフロアプラン図がある。

第4節　建替組合結成と法人化

1　建替えプランと承認

　このフロアプランに沿った建替え計画はまず理事会で審議され承認され、平成17（2005）年5月13日に建替組合準備委員会で披瀝された。
・事業期間は、平成20年8月の建替組合解散予定までの約3年とした。
・スケジュールでは、6月に組合設立認可申請。それに伴って住戸選定についての個別面談を予定。8月に認可を予定。権利変換計画を申請して12月に認可の予定。
・事業計画について、反対または説明を聞いていない人には「意見書」提出期間が設けられ、この5月には建替えのための全集会スケジュールを立て、これら予定の説明を行った。

　こうして6月の建替組合設立申請に向けて役所届出に必要な書類、組合員の設立の同意書（実印・印鑑証明書付き）を集めることが了承された。

　このように全体計画を見直したうえで、建替組合設立申請のスケジュールや、今後の住民の希望住戸（増し床負担金）調整、住民への住宅金融公庫（現住宅金融支援機構）融資説明会などのスケジュールを再作成した。

2 │ 組合の法人化と設立総会

　金王町住宅の管理組合は法人化されてはいなかった。実際この頃、多くの管理組合は法人化されていない。組合費などの資産は、理事長名をつらねた銀行口座を開設すれば済んだのである。しかし前述のように、この建替えで円滑化法下の建替組合とするには、法人化する必要があった。行政の監督監視の伴う、透明性の高い組織とする必要があるからである。こうして、金王町住宅マンション建替組合は公益法人認定を申請することとしたのである。

　建替組合設立はまず、管理組合理事が発起人となって組合設立提案をし、組合員に諮る。

　その際に、組合設立同意書を提出しなかった住戸が1、いったん提出して、取り下げ、再度提出した住戸が1戸あった。協力事業者の担当社員が出向いて意向を聞いてみると、「従前のTK氏の建替事業の更迭に不満を感じての反対」と分かった。撤回して再提出した住戸は、建替組合理事として候補に立ちたかったが、手続不備で拒否されたことに対する不満であった。

　結果としては、発起人として管理組合理事会が用意した筆者を含む理事候補4名と監事1名が選出されることになった。

　こうして、17（2005）年6月2日付けで「金王町住宅マンション建替組合」設立認可申請書が作成され、提出される。認可申請が総会承認を経て以後、組合は「金王町住宅マンション建替組合（申請中）」とカッコ付きで称する。組合認可の通知が到達すると組合の設立総会が行われ、金王町住宅の公益法人建替組合が成立する。この後、法人の公印を作成し謄本を持って渋谷の大手銀行に法人口座を開設した。

3 │ 組合理事の選挙と事業の急進展

　平成17（2005）年5月にまず建替え準備委員を再編し、管理組合と合体して建替組合理事候補の選挙を準備した。まず、管理組合から正義感の強い

元お役人の方に選挙管理委員長をお願いして、選挙規則を作った。これには理事候補資格や、推薦の資格、被推薦などの資格を厳格に決めた。一方で、管理組合が考えていた候補人もはっきりしていたので、確実に候補に挙がるように細心の注意を払った。また、入ってほしくない候補人もいたので、これを避けるべく推薦資格を厳格にした面もあった。こうして、2週間ほどの間をおいて、候補者を確定し、選挙総会で事実上の信任投票となった選挙を行った。

6月には建替組合理事会候補が出揃い、建替組合認可申請のための総会で承認されて申請の承認も得た。したがって以後組合は、（申請中）のカッコ付き名称の組合となるのである。

円滑化法によれば、新役員の選定（選挙）と総会（集会）承認が済むと、市区町村を経て都道府県に認可申請することになる。このとき、役員候補者と建替え賛成住民（転出者も含めて組合員となる）の組合設立合意書（印鑑証明による本人証明が求められる）が提出される。金王町住宅の場合、平成17年6月までにこれらが揃えられて、提出された。一般にその審理と認可に2カ月かかる。金王町住宅の認可も2カ月後の8月17日であった。

この間、「金王町住宅マンション建替組合（申請中）」理事候補は、住民の希望住戸や借家権・抵当権の整理、協力事業者とともに近隣住民への説明に奔走した。

希望住戸の調整は、意向調査やアンケートの配布・回収、重複や転出者の割り出し、再調整と面談を含めて組合申請・認可とほぼ同じ期間に2カ月ほどかかった。

認可後の組合設立総会では、役員と基本的計画を承認して、組合と業者との協力関係を規定する「基本合意書」を作成し証人と調印する。この合意書は協力事業者の出資金や協力内容を規定する契約である。

建替え決議からここまで、ほぼ8カ月かかった。

4 | 権利変換計画と下準備

　権利変換計画の戸別契約書の作成や、支払金額・支払時期の通告と同時に反対者への売渡し請求、補償金額決定のための裁判を進められた。また、住戸の中には物故者の遺産が債務超過で財産管理人のもとにあった部屋もあったので、これを財産管理人の裁判所職員と交渉して組合に売り渡してもらう交渉をする必要があった。幸いに建替えの事情を理解して、債務差し引き金額に充当する補償金額も納得してもらい、組合（未承認段階なので法人格はなく、理事長名でいったん保存登記をした）の所属として譲ってもらった。

　こうして、10月までには建替組合の体制も完成して、建替えの具体的スケジュールも見通しも完成し、権利変換契約も揃い、計画の申請が整って、申請のための建替組合総会が開催された。申請書は総会承認後、所在の渋谷区を通して東京都の都市開発課に提出される。認可は都道府県の権限であるが、市区町村を通すのは地元行政の動向把握のためである。詳しい手順は次節で説明する。

　金王町住宅の場合、協力事業者は「UG都市建築」という建替事業のコンサルタントに依頼しており、契約書や進行手順など、この間の手続を万全に企図作成している。建替組合役員は、それに従って計画を進めれば良かった。

5 | 住戸振り分けと権利変換計画書

　初期の住戸希望アンケートは、漠然とした間取りなどの簡単な希望である。協力事業者が参加して、これをもとにフロア設計図が作成された。それに従って新マンションの部屋とそれぞれの効用指数、価格が決められる。

　それまでの調査で調べ上げた各住戸の希望を、これに当てはめたところ、三つの問題が判明した。一つは、いくつかの部屋で希望が競合しそうな部屋が発生したことである。二つ目は、複数戸所有者の希望する部屋数が不足しそうな勢いであった。三つ目は、従前2割21戸の権利を所有していた地主

第3章　金王町住宅建替えの実例

の権利をどのように振り分けるか、という問題である。地主は新住戸を処分する意向であることが判明していたので、新住戸のえり好みはなかった。しかしながら、底地の交換にかかわる税制の問題が残った。単なる新住戸との交換では、10年超保有の優遇税制が受けられなくなるのである。

住民の希望住戸の調整後、「権利変換計画」を作成する。まず、各戸の希望に従った新住戸を定め、負担する費用を定めたうえ、協力事業者は各戸ごとに「権利変換計画書（58条書面、97ページの図表2-6、各戸の従前権利の価額と、新住戸の位置、価額、負担金の額など、円滑化法58条に規定される権利変換要件の明細）」を発行し、各戸の「同意書」を回収する。権利変換計画承認総会を経て、この2書面は冊子に綴じられて、権利変換計画として行政に届けられ、認可申請をされる。これも市区町村を通して都道府県に届けられるが、やはり2カ月かかる。

金王町住宅の場合、9月中は各戸との合意書調印に費やし、10月2日に権利変換計画承認総会を開催した。こうして整えた権利変換計画書一式を渋谷区都市計画課都市計画係を通じて、東京都都市整備局住宅政策推進部マンション課に提出した。

権利変換計画の審査には約2カ月かかる。12月下旬にかかる頃、渋谷区から権利変換計画の認可が12月21日になるとの知らせが来た。権利変換日は、認可の5日後と定められている。12月26日に組合員の権利は、新住戸に移る。新住戸の権利を望まない転出者は、この5日のうちに送金された補償金と引き換えに、権利変換日から組合から抜けることになるのである。転出者には、権利変換計画認可証のコピーと、補償金振込と組合脱退の旨を通知した書面が用意されて送付された。

6 住戸選定と増し床制限

協力事業者が参加組合員となる建替えでは、協力事業者は保留床を確保して資金を回収する。金王町の場合、保留床は13〜17階の部分（1フロア8

戸×5フロア）40戸を前提としていた。再建マンションの総戸数は128戸。そこから40戸引くと、（2〜12階までの）残り88戸（ただし、地下1店舗が加わる）が権利者の分となる。

　従前の旧建物の戸数は102戸だった。これは地主T氏の所有物件（住戸にして21戸分）を含めた数である。権利者の分と地主分を一緒に交換するので、従前の102戸と新戸88戸の交換となる。それに対して転出者は10件程度予想できていた。それでも新戸88戸には収まらない。T氏が従前比率21とすると、残りの新戸は67戸である。住戸全員が新住戸を選定すると、足りなくなる。したがって、増し床については制限せざるを得なかった。それでも、従前の1戸所有者は、新戸最低1戸必要である。そこで、従前の複数所有者の新住戸数を制限することにせざるを得なった。

　従前6戸所有していた住戸が2件あったが、1件は法人所有で、会社事務所として使用していた。もう一件は賃貸経営者の所有であった。この2件については、戸数ではなく、面積を充当するだけにとどめてもらった。他に、個人名で2戸所有しているケースも3件あった。この場合もそれぞれ大きめの新住戸を1戸ずつに制限した。理事の一人に、同様に2戸所有していたケースもあったが、この人は見逃されて、従後も2戸所有している。これは反省すべきケースではなかっただろうか。

　こうして、組合認可を待つと同時に、協力事業者と各戸との委託契約を仲介し、権利変換計画用の58条書面を作成・交付し、各戸との合意書をあわせて製本し権利変換計画の提出準備をするのである。

　9〜10月はこうして権利変換計画作成に費し、少し遅れて住戸の明渡しに着手した。10月30日までにこれを完了すると、売渡し請求した建替え反対者の明渡しに尽力する。借地権期限の10月31日までに、明渡し訴訟中の反対者一人を除いて、建物は完全に明け渡され、工事囲いの中で建築会社の管理下に入ったのである。

7 | 建替え反対者の対応

　住戸の1軒に、建替えの話にも管理組合の説得にもまったく反応しない住戸があった。建替え決議のときに無回答で、賛成も取れない。催告書を出したところ、その返事もない。そして、協力事業者社員に出向いてもらい、意向を聞いてもらった。返答は、弁護士を通じて話をするというので、弁護士にこれまでの建替えの進行説明と現状を話し、所有者に伝えてもらったところ、建替決議の議決権行使書をみたいという。その頃建替事務局に使っていた空き住戸に実際に来てもらい、閲覧させて、ほとんどの賛成を得ていることを説明し、確認してもらった。

　その後、さらに待ったのだが、返事がない。そこで、期日を絞って連絡がなければ「買取り請求する」という内容の手紙を出した。ところが、この住戸、「最上階の一番大きな部屋と交換」と無理難題を言い出した。そこで、組合は「売渡し請求権」を行使することを理事会で決定し、明渡し裁判に踏み切った。筆者は和解交渉の場にも出席し、有志組合員が計画推進を要望する署名捺印した陳情書を裁判所に提出するなどして建替え計画に努めた。

　結果として、転出補償金にわずかな上乗せをして、和解で決着をつけた。組合としては、裁判費用と上乗せ分の損失は出たが、建替えまでの時間が迫っており、避けえない事態だった。部屋の明渡しは、11月24日。すでに解体工事の用意がすべて整っていた。反対者の弁護料支払いをかんがみると、反対者は完全に赤字、ごね得は成功せず「ごね損」になったはずである。組合の損害も最小限におさめられたものと考えられる。

8 | 売渡し請求

　売渡し請求は極めて強力な規定であり、建替え決議後の請求で直ちに請求者（金王町住宅の場合は建替組合）の所有に移る。ただし、明渡しには別段強制執行手続が必要となる。そこで争われるのが「時価」問題である。

反対者の要求は「新マンションの一番大きい部屋と交換する」であったが、これを金額で決着をつける必要があった。組合が提示したのは、転出補償金1,400万円に150万円上乗せした1550万円であった。もちろん、反対者はこれで納得したわけではなかった。全戸明渡しの終わった10月を過ぎても、部屋の鍵は引き渡されなかった。

　他の部屋はすべて明け渡され、解体工事のために工事囲いも完成していたが、現場を完全にふさいで出入りを禁じるわけにはいかない。反対者の要求があれば、部屋まで通さなければならないのである。そのために、ライフラインの水道と電気も止められずにいた。

　和解金額が提示されたその頃、反対者は「自分の部屋が見たい」と申し出てきた。11月半ばのことである。そこで、現場監督と組合代表が、反対者を工事囲いの入口から部屋まで案内した。エレベーターはすでに止まっており、階段途中の各階床には解体した内装や扉窓枠の残骸が堆積していた。暗い工事照明のその中を部屋までたどり着いた反対者は、状況に押されてついに和解に応じる気になったのである。

　提示された売渡し金額で、数日後に部屋の鍵が引き渡された。費用は上積みした150万円と、弁護士・裁判の費用で、約300万円。計450万円余分にかかった。反対者も弁護士を使って応訴せざるを得なかったので、結局損失を被っている。

　ちなみに新円滑化法では、時価の問題を解決するために、「配当金」の制度が取り入れられている。

9 ｜ その他異例住戸への対応

(1) 病気療養者の住戸転売

　この時期に住民の一人に重い糖尿病を患い、急きょ入院して緊急手術を要するものがいた。年金生活のために、もとより大きな新住戸に移る予定もなかった。増し床負担金の用意もなく、入院費用もままならないばかりか、退

院しても生活の補償もなく、家族もなく寄る辺もない。組合は何とか実姉と称する人と連絡を取り、許可を得て入院手術の手配を整えた。また、組合員の不動産業者に補償金を上回る価格で旧住戸を引き取ってもらった。手術は両足ひざ下切断のため、車いすの生活となる。慣れない生活に入るために、退院後も長期に療養、滞在できる地方の療養所をあっせんした。

(2) 収監中のテナント問題

　管理組合は、建替え推進決議以後、賃貸中の家主住戸には1年以上前から「定期借家」とするよう、通達を出していた。大方の借家人は転出の意向を見せていたが、うち1戸だけとんと音沙汰がない部屋があった。ビルの管理人が電気メーターを確認すると、ときどき電気を使っている様子があった。誰かが出入りしていたのである。そこで管理組合理事会は家主に助言して、平成16（2004）年5月に公示送達を出し、2週間後に滞納催告書を送付した。すると、しばらくして小菅刑務所の住所で返事が戻ってきた。テナントは収監されていたのである。

　そこで、理事会と家主は法的手段に打って出た。翌年2月に契約終了通知を送り、5月に至って3カ月の家賃滞納を理由に契約解除通知を送った。6月に裁判所に「占有移転禁止執行」を申し立て、7月中旬「建物明渡し等」を提訴。8月に裁判所の明渡し断行仮処分の決定。裁判所の許可を得て入室すると、山口組との関連をほのめかす若い男が部屋を整理していた。この件は、その10月に、明渡しの強制執行を経て、部屋は家主に戻り、直後に建替組合に明け渡される。

(3) 所有者不明の住戸問題

　所有者が死亡して所有権の所在が不明な住戸があった。元は会社経営者に所有されていたのだが、本人死亡で会社は倒産し、破産管財人のもとにおかれていた。弁護士である破産管財人に接触すると、住戸は個人名の所有だっ

たため、管財の範囲外であるという。これでは、明渡し交渉をするにも、交渉相手が見つからない。3月頃、登記簿を確認すると、相続財産管理人が登記されたことが判明。調べてみると、相続財産管理人は裁判所職員であった。そこで、この人と面会し事情を聴くと、任意売却の方針ですでに売却先も決定しているという逼迫した状況であった。相続財産管理人に建替計画が進行しており、組合が買い取りたいとの申し出をして相談し、数度の話し合い後にようやく、裁判官の許可を得て第三者への売却を中止してもらい、組合が取得できることとなった。長期にわたり交渉相手が特定できず困っていただけに、建替え直前に解決できたことは実に幸いだった。

10│借家人への対応

円滑化法では、賃借の権利も新住戸に移転する制度になっているが、その場合、従前と従後の部屋の権利調整をしなければならない。たとえば、部屋が新しい分、賃料が上がるとか、あるいは賃料据え置きなら少し狭い部屋に移る、とかを納得してもらう必要がある。

金王町住宅の場合、その煩雑さを避けるために定期借家契約を促していたので、ほとんどのケースで問題とならなかった。一件だけ、借家人が不明の部屋があったが、前に述べたように収監中であったので、家主と協力して裁判所の明渡し命令を獲得して解決した。

平成16（2004）年時点で、28の賃貸住戸の家主に明渡し退去用意のある契約を促していたが、権利変換計画作成時の翌17年6月時点では次のとおりの対応状況である。

　　　定期借家契約で退去予定　　　13件
　　　借家契約満了時に退去予定　　11件
　　　合意で解約・退去　　　　　　3件
　　　訴訟による明渡し強制執行　　1件

理事会は積極的に各住戸と担当不動産会社に協力して、スムーズな退去に

尽力した結果、ほとんどが問題なく契約満了して退去したのである。

こうして、期限の10月31日、ほとんどすべての部屋の鍵が組合に引き渡されたのである。

11 増し床負担金の回収

金王町住宅の解体と建築は2年半の予定であった。権利変換計画認可後に増し床負担金の1割を回収するが、これは平成18年の1〜2月に行われた。1月初頭に各戸の請求金額と振込先を知らせて、2月末を締切とし、すべて滞りなく回収できた。負担金の残額9割は竣工の2カ月前に回収される。金王町住宅では平成20年（2008）年の予定であった。実際に20年2月にこれも滞りなく行われる。権利変換計画で新住戸は権利者名義に登記されているので、協力事業者は、未払いにはあらかじめ「先取特権」の登記を行うことになっていた。しかしながら、負担金の回収は滞りなく行われたため、その必要はまったくなかった。

地主の所有分は従前資産額相当の新住戸と交換しても、新住戸の額が足りずに返還すべき残額が100万円ほど出た。この分は組合から地主に支払うのだが、話し合いで竣工時に清算することになった。

第5節 再建マンション建築と組合活動

1 建築期間中の組合の仕事

(1) 解体建築と監理業務

躯体の解体工事は平成18（2006年）3月末に完了。4月2日から本体工事を予定。この間にも問題が起こり、組合理事は次のように解決した。

旧建物の解体が始まった18年初頭、二つの問題が発生した。

一つは、地盤に8本の頑丈なコンクリート杭が発見されたことである。地

盤下の杭は事前予測ではわからない。解体が進んで到達した時点でどのような杭が入っているかわかるのである。これを抜くのに1本100万円、計800万円の費用がかかることがわかった。ある程度は予測されたことなので、わずかに足が出る程度で費用の手当ては問題なく片付いた。

もう一つは、水道の本管から建物に延びる、現在は使われていない古い引き込み管があることが知らされた。引き込み管なので組合側の負担で撤去が要請され、費用の見積りも約850万円にものぼるということであった。この件のいきさつについては後述する。

建築工事が開始してからは、毎月1回「定例総合会議」が開かれた。

協力事業者と建築会社、設計技師、組合役員が揃って工事の進行を確認し、ときに設計変更や資材の色選択などを求められる会議である。たとえば、「昨日5階の床スラブコンクリート打設終了。6階消防用窓枠はどのようにしますか」といった打ち合わせである。また、内装、外観や外構など、工事中に決定する事項などもこの会議で協議することになる。ファサード上の突き出し屋根（ひさし）の形状や材質、突き出しの長さなども、この会議で追加が決められた。

会議は、建築会社が近隣ビルに借りた現場事務所で行われた。

(2) 固定資産税・都市計画税と手数料等

不動産（土地・家屋）に対する固定資産税および都市計画税（以下「固定資産税等」）は1月1日現在の所有者に課税される。金王町住宅は1月1日には存在し、建物の区分所有者に対する課税がある。また、底地を組合が取得したので、土地に対する固定資産税（727万円）が組合にかかっている。これは権利変換計画で再建マンションの権利を得た権利者に従前の床面積割合で割り当てられる。建築中の建物の場合、従前従後と建築依頼主が同一の場合、従前の低い税率が適用される。建物が存在する前提で、小規模宅地の特例が適用されるのである。再建マンションが竣工した次の1月1日から新

マンションの評価価値で固定資産税がかかってくるので、低い減免税率は平成19（2007）～20（2008）年までの2年間続く。

建物の竣工が近づくと、登記申請のための登録免許税や司法書士手数料などの支出がある。また、建替組合は再建マンションの管理組合との継続性から、新管理組合の規約や組合費案、修繕積立金などの原案を作成する立場にあり、これらの費用徴収についての用意も必要となる。

(3) 建築工事の管理

平成17（2005）年11月に耐震性能偽装事件が発覚した際には、組合理事は建設会社に要請して構造計算を含むすべての構造設計を、建設会社の一級建築士事務所の担当者が行い、品質保証制度に従いチェックさせた。

報告では、建築基準法に基づく必要強度に対する耐力余裕を1.1倍以上確保。協力事業者が構造設計に関して詳細に再確認を行った結果、現設計が建築基準法に適合していることを確認した。

(4) コンサルタント業務の補完

組合理事は法令および定款に定める理事業務のほかに、一般的にコンサルタントが行う事業運営にかかわる業務も担ってきた。定款に定める理事の業務は事業計画の承認など事務局運営の業務だが、本件建替事業では事業期間中に生じた地価の上昇と下落、建築費の高騰など建替事業の運営に大きな影響を与える不測の事態が発生し、これらの変化に対する対応策を適時適切に対処してきた。

具体的な事業運営業務を列記すると、毎月の現場での「定例総合会議」に参加して、耐震性能偽装問題の発生時には設計施工担当の建設会社に施工方法と設計図面、計算書による再検査で信頼性の説明を受け、工事の進捗状況の報告を受けるとともに追加工事や仕様変更等の協議を行い決定した。

工事の着工直後に、建設会社から敷地前の歩道に埋設され使用されていな

い古い水道管の撤去工事の要求と工事費の追加請求があった。本管が新設されたときに、そのまま残されていたことが水道局の記録に残っていたという。水道局は、建築費用に含めてこれを撤去するよう指示してきたのである。しかし、本管新設時に当方負担で引き込み管が引かれた記録があり、さらに残っているという管が公道に埋設されていることから理事会は納得せず、直ちに水道局に異議を申し立てたが却下された。これを不服とし、組合員の協力を得て地元区議を経由して都議会議員に陳情したところ、都議から本庁の担当部署へ再調査指示があり、数日後に担当からの連絡で、古い図面を調べた結果すでに撤去済みであり、工事は不要との連絡を受けた。後日、確認したところ、都議の要請がなければ再調査はなかったとのことだった。組合員の協力で勝ち得た成果である。

(5) 共通経費の支出改正

　旧管理組合の時代は、共通施設でも、修理が必要となると各戸が自己責任で支払っていた。排水管などは老朽化して、何かの折にも破裂して水漏れを起こしていた。不運にも自室で漏れると、自己負担で修繕せざるを得なかった。平成16（2004）年以降、建替事業に向けて事態に猶予がなくなったため、手間時間のかかる自己責任・当人修理に柔軟性を持たせて、組合が迅速に手配できるときは、管理組合（後には建替組合）の費用で賄うことにした。

(6) 旧管理組合の収束

　建替組合の認可（8月）発足に伴って、10月31日の借地契約期限までに、建物は明け渡されるが、これに伴って旧管理組合も消滅するので、解散・清算をする必要があった。残務は未納の管理費と修繕積立金の回収と、組合資金の清算・返金である。連絡のつく未納者には督促を送り、不足分を回収した。連絡のつかない未納者（収監者など）については、不足分を返納分から相殺する手はずを整える。修繕積立金と管理費の残額は平均して各戸100万

円ほどになる。これを解散総会で会計処理承認を得て、総会終了後に各戸あてに返金するのである。

解散総会は建替組合結成のめどが立った5月末の申請承認総会後に続けて開催され、委任状による出席者は同時に振込口座の通知書も提出された。また、この総会に続けて、住宅金融公庫と銀行の担当者による増し床など費用充填のための融資説明会も開かれた。

⑺ 近隣対策と境界確定

設計が進むにあたって、敷地境界で接する隣地との境界確認が必要となる。金王町住宅の敷地は正方形で4本の直線に囲まれているが、四つ角以外にも境界線上を隣地2筆が接しているケースもあった。四つの角に関しては隣地2～3軒もしくは東京都道路局（都道管理部）と公図を照らし合わせ確認、調印する。理事長が立ち合い調印すること、5回である。

また、設計途上、日影規制など影響のないことを説明する近隣説明会を2回開催した。説明は主に設計を担当した協力事業者の担当が行うが、主宰は建替組合成立以前の管理組合であり、理事会役員が立ち会う必要があった。

さらに、10月の明渡しから工事完成までの近隣迷惑について各ビル管理会社を訪ね、説明する役割があり、これも管理組合理事役員が同行した。

2 登記や関連の税金など

居住用マンションは、固定資産税の小規模宅地の特例の適用を受けている。建物が存在していれば、評価価値の4％の税が1.4％に軽減される。

しかし、解体で建物が消滅すると、建物の税がなくなる代わりに、4％の土地の固定資産税がかかることになる。これは、建物を含めた税額より高くなる。固定資産税の額は、毎年1月1日の評価で決まる。したがって、本来は建築期間中の2年間、高い税額となるはずであった。しかし、特例で、新建物へ居住用建物が引き継がれるとして、建物消滅・建築中も旧来の税額が

適用される制度がある。古い建物存在時の低い固定資産税額が適用され、低く抑えられるのである。新しい建物が完成すると、権利変換計画に従って登記が発効し、新税率が適用されるはずである。

金王町住宅の場合はもうすこし複雑であった。というのは、地主の底地を組合が買い取ったことで、土地名義が一時組合となった。そのうえで小規模宅地の特例の適用を申請し、建築中の建物に引き継がれる申請をしたのである。

組合員に土地の固定資産税立て替えを通知したところ、一部の組合員に驚きが走った。もとは借地のために土地の固定資産税は払っていなかったのである。建築が始まったばかりのときに旧建物の固定資産税等と、新たに土地の固定資産税額が知らされたものだから、詳細に説明をしなければならなかった。また、小規模宅地の特例の計算について、知らない組合員が多かったので、これによって得することも文書で詳細に説明した。

税金としては、消費税の問題もある。新建物の建築費に消費税がかかっているのである。しかし、円滑化法の趣旨では、従前建物の面積分は新建物と等価交換になるので、消費税はかからない。増し床負担金から新建物面積に応じて消費税が徴収されるが、後日、等価交換分の消費税は還付される。1戸当たり平均60万円ほどとなるのだから、無視できない額である。

登記費用としては、旧建物の滅失登記費用と、新建物と敷地利用権の登記費用が各戸の面積割合に振り分けられる。これは1戸当たり十数万円平均であった。

金王町住宅の場合、シェア・コントラクトによる保留床の売上余剰の返還があったので、最後にこれら立て替え金を相殺することになる。

3 │ 内装オプション

平成19（2007）年は、理事会の一部役員による保留床の販売に関する横車への対応と同時に、他の役員は内装オプションに専念した。

下請けの内装設備担当会社（ヨシノ・スペース・デベロップメント）は、協力事業者がすでに選定している。室内設計図は渡っており、玄関入口のクローゼット、廊下脇の洗面所と続きの浴室、反対側のトイレ、奥のキッチン、および部屋のクローゼットの基本デザインは決まっていた。理事会が明るい軽い色や、落ちついた渋い色などの色あいのパターンを3種類ほど決めて、担当会社が個別住戸に接触して、オプションを聞くのである。各住戸は色見本を見て、気に入った色を注文する。

　オプションはまた、自由なリフォームも受け付ける。たとえば、1LDKの部屋を広く使うために仕切りを取り払い、ワンルームとしたり、奥のクローゼットを外して自由な棚が置けるようにしたり、といったものである。小さい1Kの部屋を事務所に使うために、浴室を取り払ってシャワールームとする注文もあった。本来のデザインを変更する場合は、特注のための費用がかかる。内装会社は設計を描き直し、返還金と追徴額の見積りを提出して住戸と相談、契約するのである。

　各部屋の内装契約が決まると、建物の躯体が完成するに伴って、下の階から工事に入る。内装工事は、竣工直前まで続く。組合は各権利者間の受注、工事、費用が契約どおりであること。権利者との間の意思疎通に問題がないことを確認したうえで、内装担当会社の請求を承認して、組合員に支払いを促す。

4｜管理規約・長期修繕計画、アフターサービスの確認

　平成19（2007）年は、竣工に向けての準備が必要とされた年であった。年の後半になると、再建マンションの管理組合担当会社の営業が頻繁に理事会に参加するようになる。主な課題は再建マンション管理組合の管理規約の制定である。住戸として使う規約条件はさほど複雑ではない。せいぜいのところ、どの程度の動物や鳥類が飼えるか、どのようにエレベーター移動を規制するか程度のことである。

問題は賃貸向けの規約と、住戸以外の使い方に対する規約である。

　渋谷駅から歩道橋を渡ってすぐ、徒歩2分の場所柄、部屋を事務所や営業に使うケースは容易に想定できた。たとえば、事務所とした場合、どの程度の人の出入りが想定される事務所までを許すのか。はたして店舗営業は許すのか、などの問題が残った。

　管理規約の制定時には、事務所としてはSOHO（Small Office Home Office）程度までに制約した。しかし、実際に従前の旧住戸で会社事務所として使っていた従業員10人規模の事業所があった。この事業所は、住戸4戸をつなげて事務所とすることにしていた。人の出入りに至っては、日に数十人を下らない。それでも、他の部屋は基本的に単独の部屋である。規約では具体的数は入れないが、SOHOに限るとして出入り人数を制限した。地下に35坪の店舗スペースがあるが、2階以上の部屋で店舗の営業をすることは、そもそも禁止した。

　同時に、建築終了に向けて、協力事業者が担保するアフターサービスの詳細確認が進められた。これは主に引渡し後の躯体定期点検と、瑕疵責任に関する取り決めである。一般的に2年、5年、10年の定期点検と、その間の瑕疵について網羅した契約条項等の確認である。

5 ｜ 工事代金等費用の清算

　地価上昇の平成18（2006）年からサブプライムローン問題の翌年にかけて建築資材および労務費の高騰が始まり、建設会社からさらに工事費1億2,700万円（追加工事4,830万円＋建設費値上がり分7,875万円）の追加要求があった。このような状況の中で予算の範囲内で必要な追加、変更工事（玄関の庇、外壁タイル前面貼付、北側の国道向き住戸に二重サッシ等）にとどめるよう折衝して、4,200万円を削減した。その結果、工事代金の増加額は8,505万円にとどめた。

　一方、権利変換時の予算を削減したり、予備費や参加組合員負担金増のう

ち3,000万円で、合計6,763万円の組合予算の余裕が生まれていた。したがって、工事費の純増は差額1,742万円が見込まれた。

6 清算金残額の回収

　平成19（2007）年暮れ、翌年3月の竣工前4カ月目に理事会は各権利者に権利変換計画に従った清算金予定額の残額9割の請求を行った。法に従って費用の確定、再建マンションの価額の確定を行い、支払い期日は翌年1月末日とした。同時に、工事進行状況を知らせる「建替通信」を作成して送り、進行状況を知らせた。

　翌年明け、各権利者からの残金振込みが続いた。会計担当理事は頻繁に組合口座をチェックして、各戸の振込状況を確認している。旧建物の明渡しからすでに1年と2カ月たっているので、十分な資金準備期間があり、締切日を待たずにほとんどの振込みが確認できた。

　ほぼ同時に、組合理事会は協力事業者から建設会社の請求を受け取る。

7 組合の立替費用と工事代金

　組合が各住戸に立て替えた費用は次のとおりである。土地所有権を組合がいったん引き受け、権利変換計画で各組合員に分配登記されるが、その間の固定資産税は（17～20年の租税特別措置法の適用に従って）1,214万円である。他に権利変換登記に伴う登記費用が693万円。新マンション（プライア渋谷）管理組合発足に伴う修繕積立金と管理準備金が1,462万円である。固定資産税は租税特別措置法に従って、従前の建物が存する建前で各戸の従前面積割で配分される。権利変換に伴う登記費用と新管理組合の準備金、修繕積立金は再建マンションの専有面積割合で配分されるのである。組合の立て替えた費用は、合計3,369万円であった。

8 | 組合の目的意識と結束

　解体・建築期間中、このような業務が間断なく続いたことで、組合役員の目的意識もよりよい建物をより効率よく、費用を抑えて作るということに専念集中できた。

　次章で詳述するが、協力事業者の保留床売上から、余剰利益となる予定外利益を組合に還元させることにも成功する。まず、転出者16戸の床を協力事業者に買い取らせ、完成品を市場に売ることで、協力事業者はこの分の利益がさらに確保できた。組合は協力事業者との交渉で利益のうち合計で6,000万円を回収して、予期せぬ費用や報酬原資に充てたのである。

　保留床が市場に売り出された平成21（2009）年秋に、ミニバブルが起きてマンションも値上がりした。13階以上と12階以下の転出戸の保留床は、一括して不動産会社に売れ、価格は予定より15％高くなった。この予期せぬ余剰が3億円になり、後述するがかねての約束どおり6割を組合のシェアとして受け取り、1.8億円が組合に支払われたのである。

第6節　再建マンションの完成

1 | 竣工、内覧会、引渡し

　工事は平成20（2008）年3月初頭にほぼ完了する。組合員が入居する9階以下に関しては、1月いっぱいに内装も完成しているので、2月中旬に合わせて内覧会を設定した。協力事業者と建設会社の担当が対応するのだが、人員が限られているため、日程を3日ほど用意して、組合員にアンケートを送り、各内覧日の調整をした。権利者は各内覧日当日、破損や傷防止のために手袋を渡され、スリッパが用意されて自室に案内された。理事会役員は、理事会開催日に合わせて2月17日に一斉に内覧を実施した。エレベーター

やホールはまだ工事中の養生がしてあるので、新築の臨場感は極めて高い。案内された自室も、備品にはカバーが掛けられ、内装できたての塗料の匂いにあふれて、いかにも新しい住まいの風である。こうして竣工・引渡しに向けて皆胸躍らされる。

約1カ月後の3月27日。午前中に新マンションの1階ロビーで簡単な定例総会を開催した。それまでの1年の決算報告が中心である。間もなく収束する組合なので、予算審議はなく、単に従後清算のために割り振られた清算準備金の確認だけである。その金額はすでに昨年度の予算案の中で「これだけを残す」と承認されているので、審議の必要もない。

総会直後に1階ロビーの机を再度並べ直して、協力事業者と建設会社の担当6組が権利者を迎えて引渡し説明と書面受渡しの場も設けた。引き続き、時間別に予約している住民がやって来て、担当者相手に電気・ガス系統のマニュアル、室内設備の保証書や取扱い説明書、鍵の説明、新管理組合の規約や、組合費領収書などが入った分厚いファイルを間に挟んで、詳しい説明と質問を受けた。小1時間ほどして、担当者とともに自室に向かう。今度は自分の手にある受け取ったばかりの鍵で扉を開いて入るのである。こうして、権利者への各部屋の引渡しがあわただしく進められた。権利者は一様に笑顔の満足気な表情で、帰途に着いた。

2 │ 竣工祝賀会と定例総会

竣工引き渡し後の理事会活動は、しばらく間を置く。

4月にまずシェア・オプションの戻れ金1億8,114万円の組合への振込みがある。担当会計事務所（藤浪会計事務所）の見解では、これは増し床負担金の戻入れとの考えである。支払ったお金の釣りなので、利益ではなく税金はかからないという。

6月30日に簡単な総会で、戻入れ金の報告があった。

当日はその後に竣工祝賀会が予定されており、同じ会場で1時間半前に総

会を開催したが、報告事項のみの定例総会で、予定時間より1時間早く終了した。竣工祝賀会には、すでに組合員としては脱退した転出者で功労のあった旧住民も招待したので、その出席者たちが全員集合してから、めでたく祝賀会が開催された。転出者も残った住民もみな和気あいあいとグラスを傾ける和やかで、賑やかな祝賀会となった。

建替えは、こうして建物の完成、新マンションへの入居と、大成功理に進行している。残るは、先の総会で提示した支出予定のうち、組合員への戻入れの返還金計算と理事会預かり金の支出である。

3 | 戻入れ金の返還

戻入れ金のもっとも大きく主たる支出は組合員への返還金である。総額1億8,000万円ほどとなるので、慎重に決めなければならない。まず、解散総会に向けて、解散手続を進める必要がある。決算内容はすでに前年の定例総会で報告し承認を得ているので、後は組合の立替金を差し引いた残額の1億4,000万円の具体的分配である。組合員51名で割れば、平均で275万円とされた。

清算予定金は不足があるときは徴収。余剰があるときは分配するが、すでに説明したように、法律は次のように定めている。

円滑化法84条は、建替え費用と施行再建マンションの価額決定・通知を規定。同法施行令22条は、価額の範囲は予定販売価格以下、および費用を規定。同法施行規則45条は、費用案分は「施行再建マンションの総床面積建築費用分の専有面積費用」比率と規定。同法85条は、費用と価額の差額を徴収もしくは交付することを規定している。

法律はすなわち、費用が価額を下回るときは、差額を従後の「総床面積分の専有面積」比率で交付、と規定している。

再建以前の面積比率（権利関係）は、権利変換確定以前の問題であり、すべて権利変換計画に置き換えられているので、従前資産の価値はまったく関

連しない。

　付録第一の式は円滑化法執行規則 35 条 2 項に定義されている（175 ページ注 49 参照）。付録第一の式は単純に「戸別費用は（再建マンションの）全面積（専有＋共有）分の専有面積の割合」である。こうして、法律、法施行令、法施行規則さらに法律の 85 条に戻ると、不足の徴収にしても、余剰の交付にしても、全面積分の専有面積であることがわかる。

4 │ 解散総会と会計検査

　会計担当と一部の理事は無断で戻入れ金と先に説明した立替費用等を相殺した 1 億 4,000 万円を組合員個別に計算して、個別の金額だけの通知を送付し、返送された振込口座に振り込んだ。協力事業者は当初、この返還金振込みに理事会未承認として強い懸念を示し、反対していたが、平成 21 年に至って返還を追認する。

　この頃になると、51 名の組合員の多くはすでに入居して新生活を始めているし、賃貸や販売に出している者もすでに落ち着いて 1 年にならんとしていた。登記手数料や新マンションの組合費など予想された出費が節約されただけでなく、予想だにしなかった返還金が130～250 万円ほど戻ってきたのである。多くの組合員は、この計算の詳細を知らされないまま返還金追認総会をなんなく委任状提出多数で見逃したのである。

　戻入れ金が立替金相殺で返還されると、4 年間にわたる建替事業の全会計が、残る預かり金を除いて確定する。したがって、これまでの全事業の会計を報告して、組合を解散・消滅させる段階に至った。そこで、6 月 30 日日曜日に解散総会を開催することになった。

　しかし、一部の組合員は「清算準備預かり金 3,000 万円」を目ざとく見つけていた。実は、その 2 年前に受け取った 6,000 万円の参加組合員負担金増のうち、3,000 万円の支出も開示されていない。合計 6,000 万円のいわば「使途不明の預かり金」があるとの噂がたったのである。

すでに建替事業の終盤で、ほとんど出席のない解散総会に、強硬反対派の組合員が出席してきた。理事会側は返還金計算の追及を予想して、大きな説明図を用意し会議時間の4分の3の1時間半を使ってこれを説明した。返還金と預かり金問題を追及した組合員は出席者多数で、「採決延期動議」を提起した。理事会側は、これを「委任状多数」で退け、全議案をも委任状多数の賛成で承認したのである。緊急動議の決議委任は異論もあるので、これは違法な決議の疑いが残る。解散は重要決議事項で、委任長を含めて4分の3ぎりぎりの賛成41で可決したのである。こうして、組合解散認可を申請するのだが、その審査中の9月に至って、反対派の組合員は旧円滑化法98条2項（新法161条2項）に基づく「組合員10分の1以上の要求」をもって監督官庁東京都へ「会計検査」を要求するのである[38]。

5 新法の問題点

　新法の主な問題点は、耐震性能不足の場合「要除却マンション」と認定される可能性があることである（85ページ参照）。

　旧法にあった「（第5章）危険又は有害な状況にあるマンションの建替えの促進のための特別の措置」は、実際には発動されたことのない規定であった。前述したように、新法では、マンションの土地だけが売却される制度ができた。権利を個別に売る場合に比べて、一体として売るので当然市場価格も高くなる。土地の買受け人が積極的に再建計画（同一のマンションでなくてもよい）を立てれば、6割の賛成でも自動的に建替えとなる[39]。

　なお、新法は建替えと同じく、敷地売却を事業として「敷地売却組合」を規定し、組合員の売買代金も「分配金」制度としている。一方、新しい建物に再度居住（あるいは営業）する住民は、そのような条件をつけて計画承認することができる。

　反対者および退去者は、分配金制度に従って金銭補償を受け取る。旧法との違いは、売渡し請求は「時価」による補償金となっていたのが、全住民が

受け取る分配金以上の補償金が保証されることがなくなったことである。これによって「時価」のあいまいさ（もしくはごね得の可能性）も排除されている。

38　円滑化法第161条2項　都道府県知事等は、組合の組合員が総組合員の10分の1以上の同意を得て、その組合の事業又は会計がこの法律若しくはこれに基づく行政庁の処分又は定款、事業計画若しくは権利変換計画に違反する疑いがあることを理由として組合の事業又は会計の状況の検査を請求したときは、その組合の事業又は会計の状況を検査しなければならない。
39　新法には次の条項が加えられた。
　　第3章　除却する必要のあるマンションに係る特別の措置
　　第4章　マンション敷地売却事業

第4章
実用的な経験

第1節　円滑化法下の借地契約と底地処理

1 ｜ 旧借地法の地上権

　金王町住宅の建替えは、敷地利用権が期限の迫った旧借地法に基づく地上権であったことで注目を集めた事業である。その過程や成果、問題点を公開することは、建替えを待つ住民にとって意味深い事例である。

　封建領主の時代以来、土地は大地主が所有し、耕作など使用は小作への賃貸によるものと考えられていた。大正10年（1921年）年に制定されたこの法律は、いわば封建的な地主制度に秩序を持たせるための法律であった。昭和に入り土地の売買と私有が増えるに従って、小作や店子の権利を守るために、何度か改正されたのだが、平成3年（1991年）に定期借地権を盛り込んだ新たな借地借家法が整備された。この法律の施行（翌年8月1日）以前の借地契約は、旧法の契約更新規定に従う。したがって、契約更新は30年ないし60年期限である。

　現在も旧借地法に従った土地使用契約が相当数存続しているので、以下に述べる借地権に建つ金王町住宅の建替え事例は有用であろう。

2 ｜ 金王町住宅の場合

　金王町住宅は、旧借地法に基づき50年の契約で建てられていた。平成17（2005年）10月31日が50年の期限である。借地側の権利が強く守られた古

い法律だから、契約切れで直ちに更地を地主に返却する義務はない。合意の更新がなければ自動的に契約延長が保証される。ただし、建物の建替えには、再度契約の必要がある。地主が「ノー」と言えば、建て替えられない。契約切れ後の交渉では、もつれるおそれがあった[40]。

　何よりも、50年前の建物は、その機能が現状にそぐわないばかりでなく、躯体は老朽化し毎日のごとく故障や問題を起こしていた。

　金王町住宅は昭和30（1955）年に東京都住宅協会（現東京都住宅供給公社）が地主のT氏の法人所有地に借地契約をして建設し、翌56年に住宅金融公庫の融資付き住宅として、50年割賦で分譲されていた。

　買主は、東京都住宅協会に建物の区分所有を申し込んで、50年間の分割払い契約を結び、かつ地主へ50年間の地代支払いを約束して、部屋を使う[41]。地代は毎年支払わなければならない。

3 │ 借地権マンション

　旧借地法にしたがって、借地権と底地（地主の権利）割合が、国税庁の路線価によって定められている。金王町住宅の場合、路線価図によれば借地権割合は80％であったが、建替えに際して底地割合は15％、借地権（地上権）割合が85％となったのである。

　仮に従前の建物と同等の建物を建て替えるなら、相応の建築費がかかる。権利者は、建築費用を全額負担することになる。ただし、容積率が増加していれば、権利者が従前面積を回復しても、床面積に余裕ができ、協力事業者はこれを販売して費用の足しにできる。その分、権利者の還元床を増やすことも可能となる。その仕組みを図表4-1で説明しよう。

　図の左側の点線建物は、元の建物である。これを建て替えるだけなら、建築費用全額が組合員の負担となる。

　右側の建物は、容積率が増加したケースである。この場合、協力事業者は建築費用と同額になる面積を保留床として入手し販売する。すると、建物の

第 4 章　実用的な経験

図表 4-1　底地の繰り入れと還元床

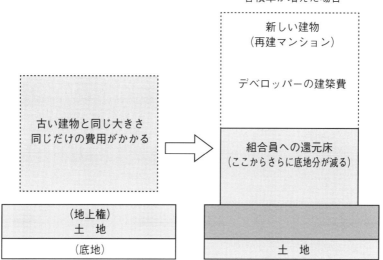

残り（下部）が組合員に戻され還元床となる。図で見てわかるように、元の建物より小さくなっているので、この例では、組合員 1 戸当たりの還元床は小さくなる。

マンション建替えの場合、容積率が増加する条件の良い場合でも還元床が元通り 100％になるケースは少なく、多くの場合ある程度の面積の損失を伴う。73 ページの図表 1-15 の説明「再建マンションの狭い面積と等価交換」のように、新築マンションの価値（坪単価）が上がるだけ、面積が減少しても「還元される評価額」は等しいか、それ以上でなければ、権利者は納得しないだろう。

借地マンションは、底地の権利を地主が持っている。

図表 4-1 で右側の建物は、建物建築費に等しい価値の再建マンション部分を点線で描き、保留床（デベロッパーの建築費）とした。

図表 4-1 の左側建物の底地の権利が増大すると、右側の建物の下部「組

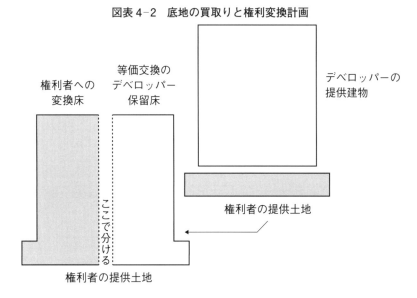

図表4-2 底地の買取りと権利変換計画

合員への還元床」からその分削り取られるので、減少する。

　実際には、保留床にも敷地利用権が付される。前ページ図表4-1の右側建物下部の土地の濃い網かけ部分をそれらしく描いた。したがって、面積配分は、上の図表4-2の右側の新マンションを縦に割って分け合う図がその主旨をよくあらわしている。

　この状況のもとで、底地権分が還元床から削り取られると、権利者の負担が増大し、事業に及び腰になる。

　国土交通省の見解では、円滑化法では底地は権利変換の対象にならない。建替えでは、借地権の上に再建マンションを建てなければならないが、期限間際の借地権では無価値に等しい。権利者はまず底地を買い取り、敷地を所有したうえで建築するか、借地契約を更新して借地権付きマンションとするかの選択をせまられる。しかし、借地権付き分譲マンションは市場性がないと判断した協力事業者は円滑化法による建替えではなく一般の等価交換事業で行うか、撤退するかの選択をしようとした。

これに加えて、金王町住宅の場合は、もともと1戸あたりの面積が小さく、容積率にも余裕がなく、権利者数が102戸（81戸＋21戸の地主地上権換算）と多いことが条件を悪くしていた。デベロッパーを募ったコンペで、6社中4社が提案を辞退した理由の一つでもある。

4 借地権の地代と還元床

金王町住宅の敷地200坪は、全戸数102戸で割ると1戸当たり平均2坪弱である。地代は、3年ごとに改正される固定資産税評価額の3倍と決められていた。

平成16（2004）年頃の固定資産税は、坪2万7,000円。1戸当たりの地代は、2坪かける3倍で、年間で約16万2,000円である。地主には、年1,620万円ほどの地代収入となる。3分の1を固定資産税に支払えば、残るのは年1,000万円超である。駐車場としても年1,200万円にはなる駅至近の土地、地主としても、もはや割に合わない貸地である。

建替え話に応じて、地主から「底地割合を引き上げる。以後は担当弁護士と話をしてくれ」とクレームがつき、次のような要求をつきつけてきた。

① 過去に借地権割合90％についての合意はない
② 底地と借地の割合は、30％対70％とする

さらに、

③ 地上権、底地権ともに売却でなく再建マンションの床面積と交換を望む
④ 借地契約期限までに建替えの見通しがつかないときは契約更新をしない。

厳しい条件は、代理人弁護士によると当該敷地の路線価表示による借地権割合が80％であること、当時の借地権契約の残存年数が3年弱、ということを根拠としていた。底地権割合が30％、借地権割合70％となると地上権者（組合員）の還元床面積がわずか4.63坪にすぎない計算となる。

平成17（2005）年春にいったん底借割合18％対82％まで押し戻し、最終的には「15％対85％」で合意を得た[42]。これで計算すると、還元床面積は5.62坪となる。当初見積りの5.95坪から0.33坪の後退である。

それでも協力事業者の保留床を確保しなければ、参加を見込めないので、組合員の増し床買取り面積に上限を設けた。

5 │ 底地の権利変換組み込み

地主は底地の対価として、住戸との交換を強く要望したが、底地の権利変換計画組み込みの難しさや、組合員の増し床制限を説明して、底地とはほぼ同価額になる地下店舗との交換を求め、ようやく契約が成立した。底地の買取りは、租税特別措置法の買換え特例適用を実現した。底地を組合に移転することで、権利変換計画に組み込むことが可能になり、円滑化法適用が可能となった。

協力事業者が当初、国土交通省と協議したときは、底地権は円滑化法の適用除外となっているので、これを含めた権利変換計画は認められないという回答であった。

底地権を租税特別措置法37条の買換え特例を使い、建替組合がまず底地を取得し、完成後の土地建物を同価額分引き渡すことを提案して合意し、再度国土交通省との交渉に臨み、認められた。底地買取りで、円滑化法下の建替えが実現したのである。

6 │ 金王町住宅の権利変換

借地権や狭小といった問題を抱えながらも、金王町住宅は借地権期限終了間際に建替えに成功している。その主な理由は、老朽化と陳腐化が充分に認識されていたこと。住民の一部にこの地で建て替えた再建マンションに住み続けたいという強い意志があったことと、事業を引き受けた組合メンバーの活動が集中力を発揮して、建替えを力強く進めたことにある。

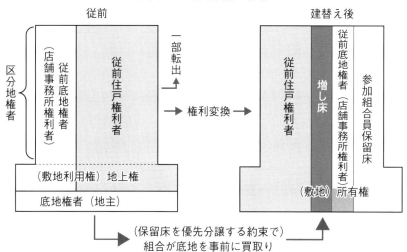

複雑な権利関係は、底地を権利変換に組み入れて、円滑化法下での建替事業を完成させた。

上の図表4-3は、権利関係の推移を表している。従前地上権を持つ住戸は、転出者を除いて、増し床を加えて再建マンションに戻る。従前の底地所有者（地主）は新たに店舗を所有する。協力事業者は参加組合員として保留床を確保して販売する。販売に先立って、従前権利者には優先分譲権を与えている。建替えに際して、組合があらかじめ底地を買い取り、所有権にかえて建替えに臨んだ様子も描かれている。

図の左側の住戸権利者の敷地利用権（地上権）と、地主の持つ店舗・事務所とその敷地利用権と底地が、組合の底地買取りによる所有権転化を含めた権利変換で、参加組合員の保留床および増し床を含めた従後の権利関係への変化を示している。従前の住宅81戸を含めて102戸分の権利は、保留床を含めて従後住宅124戸に変わったのである。

一方、当初の管理組合役員が慎重に建替えの機運をまとめたのに対して、

アンカーを務めた建替組合の役員に、金銭的利益を求める行為も見られた。建替えの成功は、ひとえに協力した組合員と結束して事業遂行に当たった役員の努力によるものである。不当・無明朗な金銭的報酬は封じなければならない。

40　旧法の借地法が持つ地上権などの権限は、建替え促進のために、平成25（2013）年6月に公布された「被災借地借家法」では制限されることとなった。
41　建物代金は当時の1人当たり国民所得の14倍である。平成12年（2000年）ごろの1人当たり国民所得は400万円。これを適用すると時価5,600万円となる。
42　平成16年8月27日18時30分～21時、第4回理事会議事録より（司馬再要約版）理事長O氏：底地権割合については、契約更新料＋建物再建承諾書で70：30と主張した。その後3回交渉して、80：20から82：18と改善された。90：10以上の譲歩はしない、というのであれば交渉決裂の可能性あり。そのため、先週権利者の一人が管理事務所に現れ、「理事メンバーは総辞職しろ」との糾弾があった。
O氏：理事全員の総辞職。新しい理事長の心当たりはあるということでした。
筆者：調査報告書（底地は最大でも10.33％）は当方に有利なので、交渉は9月の臨時総会の後でも良いと思う。今の状況で交渉担当者に押しまくってくださいというのは簡単だが、無理強いすることになる。

第2節　シェア・コントラクトとその履行

1　金王町住宅の戻入れ金

協力事業者は投資に見合う利益のために、保守的展望で採算を見積もる。そのため、権利者の還元床は小さくなりがちである。一方、建築期間中の景気変動で、マンション価格の下落も考えられないわけではない。業者の見積りはリスク管理上、これを織り込んでいるはずである。事業投資を回収する保留床価格も低めで、事業完成時に保留床が高く売れる可能性は大きい。円滑化法の権利変換計画は、計画策定申請で両者の権利が確定する。したがって、利益が出れば業者のものとなる。建替えが事業である限り、権利者と業者がともに潤う制度が必要である。これにはコール・オプションとシェアの2種の契約が考えられる。

2 コール・オプションとシェア・オプション

「コール・オプション付き建替え契約」とは、保留床価格が上昇したとき、組合が協力事業者の従前予想した価格で買い取る権利を実行できる契約である[43]。たとえば、想定価格が300万円。竣工時の実勢価格がそれよりも100万円高くなったとき、組合（または組合員個人）が保留床を300万円で買い取って市場で売る権利を盛り込んだ契約である[44]。実際には、買い取って販売しなくても、業者がこれを担当して組合は差額100万円を回収すればよい。コール・オプション付帯契約は、低めの見積りでもリスク回避はできる。

もう一つは、金王町組合が実行した「余剰のシェア（分益）」契約（シェア・コントラクト）である。つまり、保留床価格が想定価格以上になったとき、その余剰を組合と協力事業者が適当な割合でシェアする契約である。金王町の場合、これを両者の床面積割合でシェアしたのであるが、出資金割合や権利関係の割合ともほぼ等しくなるので、理想的な割合ではないだろうか。

シェア・コントラクトの場合は、値下がりリスクも伴う契約となることも考えられる。低めの予想価格の場合、シェア・コントラクトはプラスの戻入れが期待できるが、マイナスの場合も組合とシェアするとなると、業者は不況のリスクを組合負担に組み入れ、高めの価格を提示して参加インセンティブとすることも考えられる。その場合、組合は「価格低下についてはリスクシェアしない」などの「除外条項」を入れる必要があるだろう。

建替事業は数年にわたり、その間経済状況が変わること、協力事業者が保守的見積りを出しがちなことを鑑みると、シェア・オプションは極めて現実的で、組合に有利な契約形態である。ただし、転出者の利益を考慮しなければならない場合もあるだろう。

山崎・瀬下（平成24年）の研究には、市況悪化による還元床価値保証のためプット・オプションも説明されているが、保守的になりがちな見積りの事業計画では、還元床価格が予想価格以下に下がることはまれであろう。

3 | オプション契約の履行

　いずれのオプションも、「実販売価格の特定」問題が残る。

　不動産市場では広告価格と取引価格が異なることが多い。実際の取引には値引きや値切りが伴い、ほんとうの取引価格は公表されない。また付帯サービスによる実質値引きもあるので、ほんとうの取引価格を特定することも難しい。金王町住宅のケースでは、たまたま買い手業者が保留床全住戸を平均した坪単価で一括して買ったので、わかりやすい例であった。一般には、個別に市場に販売される。その場合、個別価格の特定にはさらに困難が伴う。

　シェア・コントラクトにあたっては、「販売時の当初広告価格」といったように価格を特定する条項が必要であろう。支払い時期についても、個別販売契約後か、ある程度まとめた後か、明確に特定する必要がある。

　シェア・コントラクトはコール・オプションと異なり、業者側にも高く売るインセンティブがあるが、場合によってはより良い条件で売るように組合が業者指定権を持つ契約も可能であろう。

　また、組合は解散後清算を行って消滅するので、その前にこれら契約履行を行う必要がある。これは一般に、1年程度の期間を要する。マンション販売時にこれより長くなることも多い。いつの時点で契約履行するか、オプション・コントラクトでは明記する必要があるだろう。

4 | 転出者床と増し床の粗利

　金王町住宅の場合、新マンションのフロアプランがほぼ確定した段階で、住戸選択希望に関するアンケートと個別面談を繰り返し行った。これは各戸の資金状況を割り出す狙いもあった。その結果、住民14戸の転出希望を割り出した。これに空住戸を加えた18戸は補償金を立て替える協力事業者が引き取り、保留床として売るので、そこからも21％の粗利が稼げることになった。

(1) シェア・オプションとコントラクト

96ページの式(1)の総会承認（平成16年10月）後、17年暮れにかけての1年余りで、シェア・オプション余剰6割の戻入れが「約束」化する。

これは、二つの約束と2段階の交渉に分けて行われた。

第1の約束は、保留床販売価格の10％増までは、6,000万円の組合戻し入れ。第2の約束は価格10％超のときは、余剰の6割を戻し入れる、である。

交渉の第1段階は、協力事業者住宅部長との内諾から実際に6,000万円が振り込まれるまで。これは平成17（2005）年8月から18年11月までの15カ月間。後述するが、その間に二つの約束を併記した「合意書」作成と、6,000万円受取りに際しての「順守事項議事録」覚書が交わされた[45]。

交渉の第2段階は、平成19（2007）年から20年4月に実際に第2の約束で1億8,114万円を払い受けるまでの交渉である。この間に組合は別の保留床買取業者を見つけ、10％超の価格がつく可能性を探ったのである。約束の内諾と、その交渉の内容は次のとおりである。

(2) 二つの約束とシェア交渉の第1段階

転出床増で利益増を見定めた組合は、まず粗利のうち6,000万円を戻し入れる交渉をした。平成17（2005）年8月、建替組合の認可内定があった翌日、組合は協力事業者の担当に二つの要求を突き付け、18日理事会に担当部長Ｄ氏（都市開発マンション建替えの責任者）の出席を求めた。コンサルタント会社のＥ氏も陪席。席上、まず第1の要求、当面の予備費支出増を見込んで6,000万円の戻入れを要求。予想以上の粗利が見込まれていたので、1時間ほどの協議の後、内諾された。

価格増10％までが容認されるとなると、当然10％超のときも討議する必要があった。組合は当初、超えた場合の余剰利益は全額組合に戻し入れる要求をした。価格増10％でもすでに十分な粗利が確保できるからである。これには部長も難色を示した。社に戻って説明するには困難が伴ったはずであ

る。さらに1時間ほどの討議の末、組合はそのうち6割の戻入れを提案した。

　還元床に増し床を加えると、組合側に属する面積は、全体の1,400坪のほぼ6割であった。筆者のメモには「上下10％」のほか、これを超えた場合の粗利「権利額比（6割）」戻入れが記してある。

　こうして二つの約束が内諾されるが、合意書や順守事項用「議事録」提出を経て1年以上かけてようやく第1の約束が確約となり、払受けを受ける。第2段階は、また1年近く別段の交渉が必要であった。二つの約束の払受けに至るには、建築期間と同じ2年半の歳月を要した。

5 │ 権利変換計画

　建替組合の申請が済むと、権利変換計画を策定申請する必要がある。
　97ページの58条書面の権利変換計画の内容は次のとおりである。

$$\text{再建マンションの区分所有権＋敷地利用権－旧・敷地利用権} = \text{清算金予定額} \quad \text{式(2)}$$

　式(2)の左辺の2項は、再建マンション住戸の価額である。円滑化法63条は、この施行再建マンションの区分所有権の価額等の算定基準として、「費用及び……近傍類似の土地又は近傍同種の建築物に関する同種の権利の取引価格等を考慮して……」と定めている。清算金予定額の清算においては、同法施行令22条では、価額は、「……近傍同種の建築物の区分所有権の取引価格等を参酌して定めた当該区分所有権の価額の見込額（市場価額）を超えない範囲内の額とする」とある（100ページ参照）。

　式(2)左辺第3項の「旧・敷地利用権」も権利変換計画時に確定されている。戻入れがこれらの項目を直接変動させるものでないとすれば、余剰の戻入れ（参加組合負担金の増額）の意味するところは、「清算金予定額の減少」である。

第4章　実用的な経験

6 ｜ 権利変換計画による利益

　58条書面（権利変換計画書）は、権利変換計画における権利者の取り分（還元床と増し床）と各権利者別の清算金予定額を確認した文書である[46]。

　図表4-4の左側の建物図は、左から権利者の還元床、増し床（上部のⒶは買取りにあたって支払う利益）、ⒷとⒸの濃い網かけと斜線部分は協力事業者が買い取った転出者床（上部のⒷは市場販売時の利益）、そして残りの保留床である。

　協力事業者の見積りでは、左辺2項目の建築等費用分を販売すれば、残りは右辺の権利者が受け取る床（還元床と増し床）と、右に分けて描いた上部の網かけの粗利ⒶⒷⒸである。当初見積りでは、少し濃い網かけの転出者床粗利Ⓑは予定していなかったので、この分は余禄の利益となることに注目されたい。

図表4-4　転出者床と増し床、保留床から得られる協力事業者の粗利（95ページ図表2-5再録）

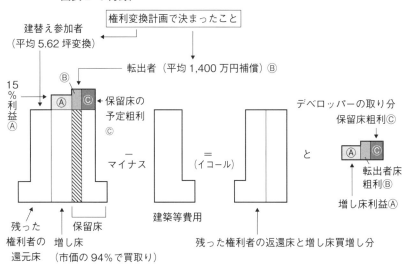

7 ｜ 協力事業者との継続交渉

　権利変換計画で協力事業者が確保した保留床は協力事業者の所有となり、従来の等価交換や権利変換では利益はすべて協力事業者に帰していた。

　事業協力提案時の保守的見積りの上に、金王町住宅の場合、事業完成に近づくにしたがってバブルの様子が見て取れ、販売価格は高くなることが予想された。そこで、理事会は保留床の予定外利益の回収確保に努めた。交渉では平成16（2004）年10月2日の「還元床計算式（式1）」の承認を、要求材料として活用した。

　前述したように、組合員の還元床は、「再建建物の概算額 − 建築費用等概算額」で計算する。協力事業者は、事業協力提案時には「建築費用等概算額」をすでに損失なく見積もっているはずである。これは協力事業者の経験則と下請け業者の入札による費用を積み上げで、割り出せる。これに上乗せ率約26％の粗利を加えて、総事業費の見積りをするのである。

　図表4-5では、右辺2項の上から二つ目の濃い網かけ部分が、「業者の粗

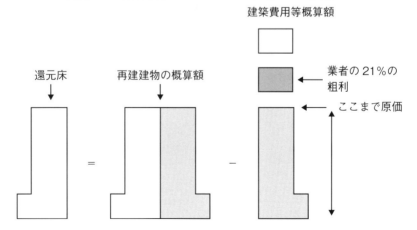

図表4-5　再建建物とデベロッパーの粗利および余剰売上

利」として21％とされている。これは、市場販売価格から割り出した粗利率である。見積り時は、費用積算の上にその26％の粗利を乗せるのである。

　保留床がより高く売れると、図の上部の濃い網かけ部分の余剰利益が生じる。

　組合は二つの理由で、この余剰利益が組合に帰すると主張した。

　一つは、計画で業者はすでに費用プラス粗利を見積もっており、余剰利益は事業主体たる組合に帰すると主張したのである。

　二つ目は、高く売れた場合、余剰利益は地の利に支払われたプレミアムであると主張したのである。とすると、余剰利益は当然に敷地を提供した組合員に帰する利益となるはずである。

　これら二つのほかに、建替えを「期間限定の事業」と考えるなら、成果の余剰は出資者同士で分け合うのも一理ある。そのように考えると、余剰利益は床面積割合で事業参加者が分け合うのが合理的である。金王町住宅の場合、組合と協力事業者が床面積割合の6対4で分け合うことになった。

　実際、このようなシェアのほうが、双方にインセンティブが残るであろう。こうした保留床の売上余剰のシェア・コントラクトは、建替事業では画期的なことであった。

8 ｜ シェア・コントラクト

　金王町住宅の場合、余剰利益の回収は、転出者床の協力事業者買上げ時と保留床販売時の2回に分けて行われた。マンション建替えの草分け期のことであり、前例は何もなかった。組合は約束を文書化するために、「合意書」作成に尽力した。

　権利変換計画が申請された後、筆者は当方の担当弁護士F氏と共同して、二つの要求を明記した「合意書」を作成して平成18（2006）年1月協力事業者に差し入れて正式な合意とするよう交渉した。

　協力事業者は組合の提案に対して、強く抵抗した。特に、約束の文書化は

かたくなに拒否した。それでもいったん内諾したので、「実行する」との言質を残す。組合はこれを参加組合員負担金増として総会に諮った。協力事業者は上層の人員を総会に送り込んで抵抗するが、組合はこれを突っぱねて原案を委任状多数で承認した[47]。

金王町住宅の合意書を例にとれば、シェア・コントラクト契約は次のように一つにまとめるのが妥当であろう（詳細は法務担当者か弁護士に相談することをおすすめする）。

合　意　書

「ABC」マンション建替組合（以下「甲」という。）と株式会社「協力事業社」（以下「乙」という。）とは、本日、以下の通り、合意した。

乙は、甲に対し、定款で定めた負担金＊＊＊＊円の外に、下記の通り負担金の支払義務があることを認める。
記
乙が本件該当部分（保留床もしくは参加組合員床）を一坪当たり金＊＊＊＊万円（乙の最初の広告表示の価格を基準とする）を超えて販売開始したとき、本件該当部分の一坪当りの小売価格　－　＊＊＊万円（当初予定販売価格）×０.＊＊（床面積比率）×＊＊＊.＊坪（保留床もしくは参加組合員床総面積）の金額の金員を支払う。

以上

本合意書の成立を証するため、本書２通を作成し、甲乙各署名押印の上、各１通を保有する。

甲

乙

第4章 実用的な経験

9 戻入れ金の支払い

金王町住宅の場合、払受けはすんなりとはいかず、この年9月に至って組合は協力事業者に「保留床価格10％増以下についてはこれ以上金銭を要求しない」という確約をとられる。

この文書は、前年の組合設立認可直後の「第3回理事会議事録」の名称をとって作成される。次のように、議事録として異例の「組合側の役員全員の実印押印文書」として作成されるのである。協力事業者側の代理印（丸印の印）もあるが、単なる認め印である。文書が組合側の義務を網羅した約束文書なので、組合側役員だけが実印で足りたのである（これを「第1約束の分

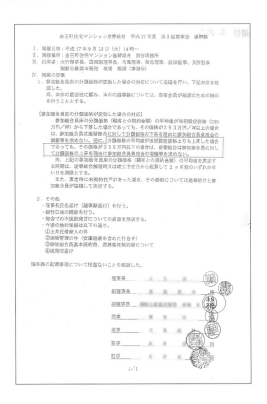

益契約」と称する)。

　文書の囲み部分に、組合の約束した順守事項「販売価格上昇10％までは何も要求しない」があり、下部の押印中、協力事業者を代表する印が認め印であることは容易に認められる。

　ちなみに、6,000万円の振込にあたってはさらに、組合理事長の「参加組合員負担金増」の念書を要求された。これは協力事業者の社内向けに支払いの領収書に代替する役割の文書であったと考えられる。

　こうして、2枚の文書を差し入れることによって、組合はとりあえず6,000万円を入手し、これを原資として3,000万円を後日役員に分配する。

10 ｜ シェア・オプションの第2段階と第2の約束

　保留床12階以上は、概算予定では坪330万円で販売するはずであった。その10％、362万円までの価格上昇は、第1の約束確約で容認される。それ以上の売価であれば、組合は差額から6割を受け取れる。

　建物完成が近づくにつれて市場に、バブルの様子が見られた。組合は翌年の竣工にむけて、戻入れの第2の局面、保留床売上余剰6割の獲得を目指した。まず、組合内の業者に目星をつけて、買値を引き出し、協力事業者と交渉した。この時の指し値は、坪当たり400万円。予定価格の10％増よりも38万円高く、組合に1億4,000万円が入る計算になっていた。

　実は、協力事業者も同時に社内の販売部門に持ちかけて、買い手を探していた。そうこうするうちに8月、サブプライムローンから派生したリーマンブラザースの破たんによるショックで、理事会側の業者は買取りから撤退してしまう。逆に協力事業者側の買い手業者は、平均で413万円の指し値を示してきた。そのうえ、全部の空き住戸を一括して買い取るという。

　保留床はそれまでに、転出16戸の床も含めて560坪となっていた。予定販売価格は、平均で359万円。一括して坪413万円で売れば、差額は坪56万円。総額で予定より3億円の余剰となる。

図表 4-6 再建建物のデベロッパー粗利および余剰
売上の組合戻入れ割合

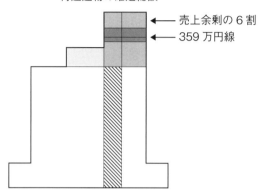

　図表4-6でみると、還元床と増し床を引いた残りの右側の保留床の最上部のうすい網かけ部分が、売上の余剰6割に当たる。その下の濃い網かけを含めた部分は協力事業者が想定していなかった利益である。これは二つの部分からなる。一つは359万円を挟んで、下は売価の10％上昇部分（このうち6,000万円は第1の約束確約として、組合に支払われている）。359万円線を挟んで上の濃い網かけ部分は、10％超余剰の4割である。ちなみに、斜線部分の上部は転出者床から得た販売利益である。

　権利変換計画前には予期していなかったにもかかわらず、粗利は予想以上の大きかったのである。余剰6割を組合に戻し入れても、協力事業者の投資効果は余りあるものであった。

11 │ シェアの利益 1.8 億円

　3億円のシェア6割は、約1.8億円となった。
　組合員は450万円から2,400万円弱、平均で1,550万円の増し床負担金を負担している。負担金は当時の消費税5％が含まれている。法定建替えの場

合、住民が新しい建物に戻る場合に限って租税特別措置法により「取引がなかったものとする」と定められており、増し床分の消費税は還付されるのである。その額は4,000万円ほどとなるはずであった。

したがって、入金はほぼ2億2,000万円。

一方、組合が立て替えた額は、工事費の増額1,742万円。固定資産税立替額1,213万円。登記費用が693万円。新管理組合費等が1,462万円。清算準備預かり金3,000万円。合計で8,111万円。したがって、差額約1億4,000万円を組合員に返還することになる。

2回の戻し入れでグロスで2億4,000万円となるので、上記立て替え金（増加工事費も含む）差し引き前の金額なら1戸当たり460万円の返還金となる。実際には経費のほかに、後に述べる一部理事の手前味噌な報酬獲得分を差し引いているので、平均270万円の返還金となった。

この収支の黒字は、理事会役員の組合活動における費用の削減と利益獲得のたまものである。

12 ｜ 円滑化法規定の返還金計算

繰り返すが、円滑化法84条および同法施行令22条、同法施行規則45条はすなわち、費用が価額を下回るときは、差額を従後の「総床面積分の専有面積」比率で交付、と規定している。

付録第一の式は、単に「戸別費用は（再建マンションの）全面積（専有＋共有）分の専有面積の割合」であることを示している[49]。こうして、円滑化法の85条に戻ると、不足の徴収にしても、余剰の交付にしても、専有面積比率であることがわかる。金王町住宅の交付金は不透明なままに支払いが強行された。

43　山崎福寿・瀬下博之「マンションの建替え決議と補償の在り方について」（浅見泰司・福井秀夫・山口幹幸編著『マンション建替え、老朽化にどう備えるか』105頁以下。日本評論社、平成24年）。山崎・瀬下はプット・オプションも提唱しているが、デベロッパーの提示する将来価格が実勢より高くない限り、プット・オプシ

第4章　実用的な経験

ョンは現実的ではない。

44　実際には業者を入れて、手数料を差し引いた余剰を組合（もしくは個人）が獲得すればいいのである。

45　この組合の順守事項（保留床価格10％増までは容認）を書いた覚書は「建替組合第3回理事会議事録（平成17年9月13日）」の体裁を取り、役員全員の実印押印文書（171ページ掲載）である。

46　円滑化法は（都市）再開発法などのスキームを受けて、権利変換計画準備（住戸選定、転出補償支払い、契約や認可申請など）、その監督官庁への申請、認可を経て「権利変換日」が定まり、建替事業はこの日をもって権利のあり方が一変、確定させる（法57〜67条）。58条書面はそのための戸別契約書である。

47　金王町住宅建替組合の平成18年第1回臨時総会は同年4月2日（日）午後1時半より都住宅供給公社渋谷支社の会議室で行われた。従来どおり、組合員の出席者は51名中15名。委任状は29通。合計44議決権。陪席者は事務局協力事業者の担当部長、同住宅事業部建替推進グループリーダー、同マンション建替推進グループのリーダー、同エリア東ユニット担当者、建設会社建築事業部営業部主任などである。

　この総会は、開始前から少し波乱模様であった。まず、開会前に協力事業者の担当部長より「総会の延期」申し出があった。理由は、議事内容が業者を除いた「日当・交通費」など報酬の審議であり、慎重を期すべき、という事であった。理事会は改めて内部討議で、総会の機会を逸する損失を鑑みて、総会決行することとした。デベロッパーからは改めて欠席及び代理出席の答申があり、その理由は、①臨時総会の審議内容の詳細について、副理事として昨日1日の理事会にて知られ、2日以上前に知らされていない。法的に成立するか疑いがあるので、副理事協力事業者として欠席としたい。②しかしながら、業者は組合員2名の委任を受けていた。組合員の委任は重要なので、この2票については出席とする（受任出席者は協力事業者の住宅事業部建替推進グループのリーダー）」とされた。

48　これは平成18年1月当時の合意文書を例にとった。

49　先にも述べたが、円滑化法施行規則35条2項は「費用の按分額の概算額は、付録第一の式によって算出するものとする。」とあり、付録第一の式とは、次のとおりである。

　　$Cl = CbAl \div \Sigma\ Ai + \Sigma\ C'bRbl$

　　Cl は、費用の按分額の概算額又は費用の按分額

　　Cb は、マンション建替事業に要する費用のうち、施行再建マンションの専有部分に係るもの

　　$C'b$ は、当該施行再建マンションの整備に要する費用のうち、施行再建マンションの共用部分で Rbl に対応するものに係るもの

　　Al は、その者が取得することとなる施行再建マンションの専有部分の床面積

　　Ai は、当該施行再建マンションの専有部分の床面積

　　Rbl は、その者が取得することとなる施行再建マンションの共用部分の共有持分の割合

　　備考　Al 及び Ai については、施行再建マンションの専有面積の同一床面積当たりの容積、用途又は位置により効用が異なるときは、必要な補正を行うことができるものとする。

第3節　組合解散と会計検査

1 │ 解散総会と会計検査

　前にも述べたが、会計担当と多数派理事グループは、戻入れ金と立替費用等を相殺した1億4,000万円を、独自に計算して個別に返還予定金額として組合員に送付し、返送された振込口座通知書に従って振り込んだ。

　協力事業者は当初、多数派グループによる返還金計算に強い偏向があることで、懸念を示した。組合員は自分宛の返還金額しか知らされず、計算内容もわからないために振込みに反対することもなかった。そして平成21（2009）年3月27日金曜日、協力事業者が率先して臨時総会の開催を強行、この返還を委任状多数で承認する。この総会承認を経て、振込依頼のなかった組合員へは、後に供託制度を利用して支払い、6月に解散総会を開き、委任状多数で解散を承認させ、監督官庁東京都へ解散承認申請を提出した。協力事業者はこの解散総会で撤収し、残りの理事はともに清算人となり、多数派と少数派に分かれる。

　振込依頼をしなかった少数派清算人と一部の組合員は、多数派のグループへの反対派であった。9月になると、前述したように、この組合員のうち10名ほどが署名を集めて、旧円滑化法98条2項の「会計検査」を監督官庁東京都へ申請する。都は、組合の会計資料提出を求め、10月から2カ月かけて検査し、12月28日に異例の「勧告」を発する。多数派グループが慰労金として予定していた不明朗な3,000万円の記載と説明に対し、組合員に通知し「十分に説明するように」という勧告であった。

　多数派グループは独自に「預り金3,000万円」という略式通知を組合員に送付し、「通知完了」を東京都に報告した。東京都はこれに応じて、とどめておいた解散承認を送ったのである。

しかし、それよりも前に一部組合員は東京都の勧告の助言を受けて、多数派グループに「金銭支出記録の開示」を求める要求書を提出していた。都の解散承認を見て、このグループは少数派精算人とともに解散承認の異議申立てをしたのである。「質問状に対する回答がないのに、解散を承認しては、勧告の意義がない」というのが理由であった。この異議申立ては、「解散承認は勧告に関係なし」として、都によって却下される。

2 ｜ 組合清算における混乱

　反対派の組合員グループは少数派清算人と並行して、その後「金銭支出記録の開示がない」ことを理由に裁判所に「多数派清算人の解任」を申し立てるが、「開示する」との弁明に、却下される。同時に、反対派グループは、その後も責任追及の文書「清算通信」を発行し続けている。多数派グループは、清算人の多数を占めるが、組合員全体にはいぶかしく思われていた人たちであった。度重なる通信の発行に対して、「反論の余地なし」かと責められて、ついに反論の文書を発行する。その物言いに対して反対派グループは「名誉棄損」の裁判を提訴する。

　裁判は2年余りに及んだが、一審は「毀損あり賠償なし」の判決、二審はなぜか提訴した反対派グループに厳しい判決となった。多数派の虚偽証拠を採択しているので、上告申立てをするが、単なる「採証法違反の主張にすぎない」として却下される。日本の裁判制度は事実認定とそのチェックシステムが欠けているきらいがある。

　すでに、竣工・引渡し後数年を経ているが、権利者の多くは新しくなった建物の部屋に満足している。新管理組合もその後、住戸の信頼できる面々に入れ替わり、問題なく信任を受けている。従前建物の住戸のうち、旧建物建築時からの住民も含めて、70戸のうち51戸が再建した新マンションに戻ったのは、建替え成功の快挙を示している。

　しかしながら、組合清算をめぐる混乱は、未だ終わっていない。

3 | 金王町住宅建替事業の貢献

　建替事業におけるこうした余剰のシェア・コントラクトは、画期的なことであった。円滑化法規定の権利変換計画に従えば、従後権利は確定しており、保留床の余剰はすべて協力事業者が確保することになっているのである。

　シェア・コントラクトによって事業成果が組合員にも分け与えられたのは、同法が予想だにしていない新しい事業手法である。市場変動が伴う建替事業では、出資者協力事業者はリスク込みの低い将来見通しを立てる。事業見通しが悪ければ、一層低いリスク込み価格の見通しを立てることになる。建物の概算額、すなわち現在価格は低めの価格となり、その分組合員の還元床は小さくなりがちである。

　予想価格がリスク込みであれば、特段のリスクが起きない限り、竣工時の保留床価格は、予定より高く売れるはずである。協力事業者はまた、そのような利益を見込める案件にしか、出資しない。

　保留床一括販売が現実となったとき、協力事業者は平成18（2006）年の合意書内容に従って、余剰3億円余りの6割の戻入れを申し出た。平成20（2008）年1月、販売契約が実現し、戻入れが現実となった。ただし、協力事業者の申し出で、戻入れは単純に「参加組合員負担金の増額」とされた[50]。

　正式な合意書交換はなかったが、このように実質「シェア・コントラクト」にした金王町住宅のケースは、初期の建替事業の偉大な功績であった。今後はコール・オプションとともに、多くの事業で活用されるであろう。

50　協力事業者はシェア・コントラクトとしての説明は避けたのである。このときは前例となることを恐れたのであろう。

第4章 実用的な経験

第4節 法人組合の監督制度の欠落

1 情報の片務性と監視監督制度

　家を建て替えることは、人生の中で何度もあることではない。そのうえ、マンションの建替えは、タテ型のコミュニティ運動である。沈滞した「隣り組」組織を叱咤激励してのコミュニティ活性化は、容易ならざることである。

　昭和56（1981）年の耐震基準改正以前のマンションのわずか2％といえども、2万戸余りのマンションが「共同体運動」として建替えに成功しているのは、むしろ瞠目に値する。今後は老朽化マンションの増加と、経験の蓄積で、建替え機運は一層増すであろう。

　このことはまた、建替えをめぐる支援・協力体制が充実してきたことにもよる。国土交通省を始め、都道府県から市区町村、マンション近隣住民にとっても街の再生は、望むところである。市場としての有望性から協力事業者、建築会社、コンサルタント会社、税務会計や法務関連など多くのビジネスも充実した内容で積極的に参入を試みている。その限りにおいて、建替えは法の目指すとおり、今後一層円滑に進行する例が増えるであろう。

　その中にあってもっとも建替えに不馴れなのは、ほかならぬ住民や住民組織自身、という皮肉な現実がある。知識も情報もなく、組織も弱い。

2 プリンシパル・エージェント・モデル

　エージェントとはその筋のエキスパートであり、プリンシパル（依頼主）に応えて仕事をするのが役割だが、自己利益を優先させるインセンティブの問題がある。

　ミニバブルによる保留床売上の余剰6割が支払われたところで、多数派理事グループの独走が起きた。他の役員に一切連絡せず、自分たちの返還率の

高くなる返還金計算を作成し、業者を説き伏せようと独断専横して奔走したのである。内容は結局、経理担当理事を含む3人の返還率だけが異常に高くなる計算であった。

　建替えをめぐる法律は、事業資金の不足と余剰は「従後」すなわち「施行再建マンションの専有床面積」比率に従って徴収もしくは交付せよと規定していることは、すでに述べた[51]。これに反して消滅した金はこの多数派グループが取り扱っていたのである。これに対して、反対派の少数グループは告発通信を発行しているが、進展はない。告発では、金は多数派グループが分け合ったとされている[52]。

3 │ 組合員の権益保護

　業者やコンサルタントの参加、行政の監視監督によって建替えの合意形成から組合設立、権利変換手続、建築、竣工、引渡しまで、金銭支払いを含めて建替えは何とか進められる。しかし、最後の清算に禍根を残すことが多い。

　実例として建替えに成功して竣工・引渡し、完成公告まで終えた建替えでも、清算完了して組合消滅に至らない例が少なくない。建替えに直接まつわる金銭（建築費、増し床負担金、税金、登記手数料、コンサルタントや監事費用）などは解散総会までの年度の定例総会もあり、比較的正確かつ公明正大に報告される。しかし、解散承認後の組合清算手続と残金清算まで、監視監督が行き届かない例は多い。多くの組合が後味の悪い残金の分配、消滅といった結末を見ている。金王町住宅の場合、財産5,000万円ほどが消滅している。多数派清算人が事実を隠蔽し、その後の報告がいまだないのである。

　組合自治の自由に任せるのが建前の円滑化法であるため、こういった内容には監督官庁も介入しにくいのが実情である。また、司法も往々にして「完了した事業」として、多勢にくみし組合員の損害（個別には少額であろう）や手続の不当まで追及しないことが多い。協力事業者も当初の利益を確保した完了事業の残金については、関知せずに撤収することが多い。

第 4 章 実用的な経験

図表 4-7　プライア渋谷完成写真正面

　問題は清算準備金の正確な額と行方であるが、権利を持つ組合員一人ひとりにとっては、それほど大きな金額ではない。また、組合員の多くは約束した新しい建物が完成し、入居しこれを享受しているので、意に介さないことも多い。多くは高齢化しているか、相続で代替わりしていることも、清算時における不正を追及する気力に欠けがちである。しかしながら、今後増大する建替え事例に備えて、加害者が得をする制度は改善されなければならない。

51　174 ページの円滑化法規定の返還金計算を参照。
52　裁判における不動産ブローカーS氏の証言でも、返還金は従前基準には「完全には一致しない」という。従前に一致しないならば、従前基準とは言えない。残された資料によれば、法律規定の従後面積比にも一致していない。

あとがき

　マンション建替事業は、縦型のコミュニティ活動である。都会では少なくなった向こう3軒両隣りやどぶ板を踏むような活動の連続である。すべての家が、向こう3軒と両隣りとつながっていれば、地域社会の基盤は維持され、地道に家々をつなぐ活動があれば、コミュニティが生きる。

　都会でそのようなコミュニティ活動が減少したのは、都市生活には必要性

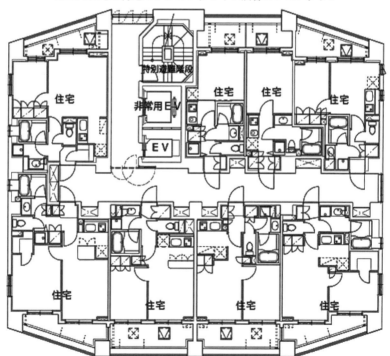

金王町住宅の再建マンションプライア渋谷のフロアプラン

あとがき

　が低かったことと、マンション住まいの選択にそのわずらわしさを避ける要素があったためでもある。古くなったマンションは、住民も入れ替わり、賃貸戸も多くなるとコミュニティ維持は一層困難となる。区分所有法による管理組合規定などによってようやく維持され、多くは専門業者にアウトソーシングされる始末である。

　しかしながら、建物は確実に寿命を迎える。地震国日本で建築物が老朽化し危険になるのは避けられない。建替えはこれを補うと同時に、住み替えという人生の転機でもある。

　新マンションプライア渋谷は、フロアプラン図に見られるように職住混在型マンションである。左下の大きい部屋は、1LDK、45.27㎡。上部中ほどの小さい部屋は1R、25㎡超。事務所仕様にした住民は風呂をシャワーに替えて、スペースを確保している。

　都会に限らずマンションの建替えは、投資の意味合いを強く含む。建替えは商品価値を上げ、市場流動性を高め、新しい建物で人生価値を高める。また、マンション建替えは地域の活性化であり、地域の活性化はマンション生活を豊かにすることでもある。何よりも、戻ってきた住民は最新設備の快適な部屋を、十分に満喫し満足していることである。

　昭和45（1970）年を境に増加したマンションは、今後続々と寿命を迎える。これから建替えは一層増えることになるであろう。本書で紹介した事例がそのようなさきがけとして一助となれば幸いである。

　最後に、第4章で述べた組合清算における混乱は、いまだ決着をみていない。一刻も早い金銭支出資料の開示と清算活動の公明正大な進展を願って筆を擱きたい。

　追記：本書は2016年度明治学院大学学術振興基金による助成を受け、ビジネス教育出版社竹林啓司氏の協力によって完成したことをここに記し、心より感謝の意を表したい。

---- 著者略歴 ----

司馬 純詩（しば・じゅんじ）

ワシントン大学大学院経済学研究科およびワシントン大学H・M・ジャクソン高等国際学院終了。Economics, University of Hong Kong, Hong Kong 助教、スタンフォード大学、アジア太平洋研究所研究員等を経て、現在、明治学院大学国際学部国際学科教授。公益法人金王町住宅マンション建替組合理事を経て現在は清算人。

主要著書：『境界を超えるキリスト教』（共著）教文館、『現代アジアの統治と共生』（共著）慶應義塾大学出版会、『華僑・華人事典』（共著）弘文堂、『脱冷戦期の中国外交とアジア・太平洋』（共著）JIIA選書、『経済学の基礎』日本評論社

実例 マンション建替え

2017年3月30日　初版第1刷発行

〔検印廃止〕　著　者　司　馬　純　詩
　　　　　　　発行者　酒　井　敬　男

発行所　株式会社 **ビジネス教育出版社**

〒102-0074　東京都千代田区九段南4—7—13
☎03(3221)5361(代表)　FAX：03(3222)7878
E-mail info@bks.co.jp　http://www.bks.co.jp

Ⓒ Junji Shiba 2017 Printed in Japan　　印刷・製本／シナノ印刷㈱
落丁・乱丁はお取り替えします。

ISBN 978-4-8283-0655-1

本書のコピー、スキャン、デジタル化等の無断複写は、著作権法上での例外を除き禁じられています。購入者以外の第三者による本書のいかなる電子複製も一切認められておりません。